CUISINE Facile

1001 RECETTES

SOLAR ÉDITIONS

ENTRÉES

ASPERGES À L'AVOCAT ET À LA RICOTTA

Préparation : 15 min • Cuisson : 5 min • Pour 4 personnes

400 g d'asperges fraîches • 2 avocats
200 g de ricotta • 4 c. à s. de pesto • sel et poivre

- Portez une casserole d'eau à ébullition. Plongez les asperges dans l'eau bouillante et ôtez la casserole du feu. Laissez-les pocher dans l'eau pendant 5 min, puis égouttez-les et laissez-les refroidir.

- Tranchez les avocats. Répartissez les asperges sur 4 assiettes et disposez les tranches d'avocat dessus.

- Parsemez de ricotta et versez 1 cuillerée de pesto sur chaque préparation. Salez et poivrez.

Au pesto de menthe

Remplacez le pesto au basilic par du pesto à la menthe.

Mayonnaise-crevettes

Remplacez la ricotta et le pesto par de la mayonnaise maison et servez avec des crevettes décortiquées.

Sauce épicée à l'avocat

Évidez l'avocat et mixez la chair avec 8 grains de poivre vert et le jus d'1 citron. Incorporez 1 jaune d'oeuf, 1 c. à s. de cognac, 1 pincée de sel et 1 yaourt fouetté. Servez avec les asperges.

Asperges poêlées à l'ail et à la feta

Faites revenir 10 min à l'huile d'olive les asperges blanchies et découpées en tronçons avec 3 gousses d'ail émincées, du sel, du poivre et du thym. Incorporez 150 g de feta en dés et des olives noires coupées en 2. Couvrez et laissez cuire 5 min.

ASPERGES TIÈDES AU BEURRE CITRONNÉ

Préparation : 15 min • Cuisson : 5 min • Pour 4 personnes

200 g d'asperges • 120 g de beurre doux
le jus et le zeste d'1 gros citron • 1 poignée de cerfeuil émincé • sel

- Coupez les extrémités dures des asperges, faites blanchir les pointes pendant 5 min dans l'eau bouillante. Égouttez-les et réservez.

- Chauffez le beurre dans une petite casserole à feu moyen. Dès que des bulles se forment et que le beurre commence à brunir, ôtez la casserole du feu. Versez immédiatement le jus de citron. Ajoutez le zeste et une pincée de sel.

- Disposez les asperges sur un plat et versez le beurre dessus. Parsemez de cerfeuil et servez aussitôt.

Asperges aux langoustines

Servez avec des langoustines cuites et sautées 2 min. Arrosez de citron vert et d'huile d'olive, ajoutez du sel, du poivre, du poivron rouge, du cerfeuil et de l'aneth hachés.

Au beurre de truffe

Faites dorer 1 oignon émincé dans 100 g de beurre et de l'huile de truffe, ajoutez des asperges, du sel et du poivre.

À la sauce mousseline

Faites réduire 2 cl de vinaigre. Une fois refroidi, ajoutez 3 jaunes d'œufs, 2 c. à s. d'eau, fouettez au bain-marie, faites épaissir. Ajoutez 150 g de beurre fondu et fouettez. Ajoutez du sel, le jus d'1/2 citron et 2 c. à s. de crème fouettée.

À l'estragon

Faites revenir les asperges dans 20 g de beurre, 1 c. à s. de jus de citron et 1 c. à c. d'estragon.

AVOCAT AU HADDOCK

Préparation : 25 min • Cuisson : 10 min • Pour 4 personnes

200 g de haddock • 25 cl de lait • 1 petit ananas • 1 papaye
1 piment vert • 60 g de coriandre fraîche ciselée
3 cl de chutney de mangue • 25 cl de yaourt brassé
2 avocats • huile d'olive extra-vierge
des naan pour accompagner • sel, poivre

- Faites pocher le haddock dans du lait pendant 10 min à feu doux.
- Découpez le haddock en morceaux.
- Pelez et détaillez l'ananas et la papaye en dés. Émincez le piment.
- Mélangez le haddock, l'ananas, la papaye, le piment, la coriandre, le chutney et le yaourt. Salez et poivrez.
- Coupez les avocats en 2. Dénoyautez-les et pelez-les.
- Placez les moitiés d'avocat sur des assiettes, versez la préparation haddock-yaourt, arrosez le tout d'1 filet d'huile d'olive et servez immédiatement avec un naan chaud.

Au saumon

Remplacez le haddock par du saumon fumé, mais sans le pocher.

Carpaccio de haddock à l'avocat

Arrosez le haddock coupé en lamelles de citron vert et ajoutez 1 piment vert émincé. Servez avec des dés d'avocats citronnés et des petits oignons. Nappez de lait de coco, poivrez.

Maquereaux aux épices et aux agrumes

Mélangez des quartiers d'orange et de la pulpe de fruits de la passion. Servez avec des filets de maquereaux grillés au four 7 min, de la fleur de sel et 1 c. à c. de 4-épices.

Salade haddock-avocat

Mélangez du haddock, de l'avocat, des tomates, des oignons doux et de la roquette. Arrosez de citron vert, d'huile d'olive, de crème liquide, d'1 pointe de poivre de Cayenne.

AVOCAT AU POULET ET AUX NOIX

Préparation : 15 min • Cuisson : 5 min • Pour 4 personnes

4 avocats • 2 c. à s. de jus de citron
2 escalopes de poulet d'environ 150 g chacune • 100 g de poivron rouge à l'huile • 2 c. à s. d'huile d'olive • 2 c. à s. de moutarde de Dijon
1 c. à c. de sucre en poudre • quelques feuilles de mâche
50 g de cerneaux de noix • sel, poivre du moulin

- Coupez les avocats en 2. Dénoyautez-les, pelez-les et coupez-les en tranches. Placez-les dans un saladier et arrosez du jus de citron. Mélangez délicatement.

- Émincez les escalopes de poulet. Égouttez le poivron et émincez-le. Faites chauffer l'huile d'olive dans un wok et faites sauter le poulet de 3 à 4 min, jusqu'à ce qu'il soit cuit. Ajoutez le poivron, salez et faites sauter pendant 1 min encore. Ôtez du feu. Incorporez la moutarde et le sucre, et laissez refroidir.

- Égouttez l'avocat pour enlever l'excès de jus de citron. Disposez les tranches d'avocat sur quatre assiettes, répartissez le poulet et les poivrons, la mâche, et parsemez de noix. Poivrez.

Salade de poulet à la poire, aux noix et au roquefort

Ajoutez des quartiers de poires, des cerneaux de noix, des lamelles de gruyère, 50 g de roquefort émietté et de l'estragon haché.

À la poire et aux noix de macadamia

Servez des cubes d'avocats citronnés avec des quartiers de poires. Ajoutez des noix de macadamia concassées. Salez et poivrez légèrement.

Salade de riz à l'avocat et au poulet

Ajoutez à la recette principale 50 g de riz cuit, 2 carottes râpées et mélangez 1 c. à s. de vinaigre de xérès, 1 c. à c. de vinaigre balsamique, de l'huile d'olive, du persil haché et 1 oignon émincé. Servez dans les écorces vides des avocats.

À la vinaigrette pimentée

Mélangez 2 piments verts, 2 c. à s. de vinaigre de framboise, 3 c. à s. d'huile d'olive et 3 branches d'oignons verts hachées.

BOULGOUR AUX ABRICOTS

Préparation : 15 min • Cuisson : aucune • Pour 4 personnes

200 g de boulgour • 25 cl de jus d'abricot • 25 cl de bouillon de poulet
1 petit oignon rouge • 1 concombre • 12 abricots frais ou secs
2 c. à s. de persil plat • 1 c. à s. de menthe fraîche
1/4 c. à c. de cumin en poudre • 1/2 c. à c. de paprika
le jus d'1 citron vert • 4 c. à s. d'huile d'olive • sel et poivre

- Faites tremper le boulgour dans le jus d'abricot et le bouillon pendant 1 h, jusqu'à ce qu'il soit tendre et bien gonflé.

- Pendant ce temps, épluchez l'oignon et émincez-le. Détaillez le concombre en dés. Émincez les abricots. Ciselez le persil et la menthe. Réservez.

- Égouttez le boulgour et mettez-le dans un saladier. Ajoutez l'oignon, le concombre et les abricots, puis le persil, la menthe, le cumin, le paprika, le jus de citron et l'huile d'olive. Mélangez intimement. Rectifiez l'assaisonnement.

Aux herbes

Ajoutez de la menthe, du persil et de la coriandre hachés, et servez avec de la laitue et des tranches de tomates.

Taboulé

Mélangez le boulgour à 30 g de beurre fondu. Ajoutez 10 cl de vin blanc, 40 cl d'eau, 1 cube de bouillon émietté. Faites cuire jusqu'à absorption. Ajoutez 1 concombre, 2 tomates, 1 poivron rouge, 1/2 poivron vert, 1 échalote et des abricots secs en dés. Assaisonnez.

Au poulet

Ajoutez au taboulé 2 escalopes de poulet dorées et coupées en dés. Servez avec un pesto menthe et basilic, le zeste d'1/2 citron, des pignons, de l'huile d'olive et du parmesan.

Salade verte et rose

Ajoutez au boulgour des lamelles de courgette et de pomme, 250 g de crevettes roses décortiquées roulées dans le sésame et poêlées dans l'huile d'olive, parsemez de paprika, de piment d'Espelette et de basilic ciselé.

BOUILLON DE RIZ AUX HUÎTRES ET À L'ŒUF

Préparation : 25 min • Cuisson : 8 min • Pour 4 personnes

1 carotte • 2 douzaines d'huîtres • 50 g de beurre • 2 c. à s. de farine
1 l de court-bouillon • 1 verre de riz cuit
1 c. à s. de graines de sésame • 1 bouquet de cerfeuil
4 jaunes d'œufs • sel, poivre

- Pelez la carotte, coupez-la en rondelles et faites-les cuire pendant 10 min dans de l'eau bouillante salée. Égouttez et réservez.

- Ouvrez les huîtres et réservez leur eau. Filtrez-la.

- Faites fondre le beurre dans une casserole. Ajoutez la farine et laissez dorer en remuant sans arrêt. Ajoutez le court-bouillon chaud en fouettant. Poivrez. Ajoutez le riz et les carottes et baissez le feu au minimum.

- Chauffez l'eau filtrée des huîtres à feu doux. L'eau ne doit pas bouillir. À frémissement, pochez les huîtres pendant 3 min.

- Retirez-les à l'aide d'une écumoire et répartissez-les dans 4 bols. Versez doucement le bouillon sur les huîtres.

- Parsemez de graines de sésame et de pluches de cerfeuil. Déposez 1 jaune d'œuf cru dans chaque bol. Servez avec de la sauce soja.

Potage aux moules

Faites cuire 800 g de moules avec 3 échalotes hachées, 30 cl de vin blanc, du persil, du poivre. Filtrez le jus, ajoutez 50 cl de bouillon et 125 g d'oseille cuite au beurre. Mixez, ajoutez 1 jaune d'oeuf, 10 cl de crème, les moules décortiquées et le cerfeuil.

Aux crevettes

Faites sauter des crevettes, décortiquez-les, déglacez avec 1 c. à s. de sauce soja, ajoutez au bouillon avec de la coriandre.

Aux pétoncles

Faites cuire 1 poireau dans 20 g de beurre salé, du piment de Cayenne, 4 tomates, du fumet de poisson. Ajoutez 100 g de vermicelle de riz, du persil et 300 g de pétoncles. Faites cuire 5 min.

Au poulet au curry

Remplacez les huîtres par 300 g de poulet revenu avec 1 oignon, 1 zeste de citron vert et 1 c. à c. de curry.

BRICK AU CHÈVRE ET À LA TAPENADE

Préparation : 5 min • Cuisson : 10 min • Pour 2 personnes

4 feuilles de brick • 2 c. à s. de tapenade d'olives noires
2 rondelles de fromage de chèvre • 2 c. à c. de concentré de tomates
1/2 c. à c. de thym

- Préchauffez le four à 180 °C.
- Placez 2 feuilles de brick l'une sur l'autre. Déposez au centre 1 c. à s. de tapenade, 1 rondelle de chèvre, 1 c. à c. de concentré de tomates et 1 pincée de thym.
- Refermez les feuilles de brick en rondelles. Attachez-les avec de la ficelle de cuisine.
- Préparez la seconde brick avec le reste des ingrédients. Placez les bricks sur une plaque de cuisson recouverte de papier sulfurisé légèrement huilé.
- Faites cuire au four pendant 10 min. Servez chaud, avec une salade verte.

À la tomate, à l'ail et au paprika

Remplacez le concentré de tomates par un concassé : 2 tomates coupées en dés avec 2 gousses d'ail. Remplacez le thym par de la ciboulette hachée et du paprika.

Au curry et à la tapenade

Déposez 1 crottin de Chavignol au milieu d'1 feuille de brick, tartinez de tapenade. Répartissez le mélange de tomate. Ajoutez 1 pincée de curry et fermez les bricks.

Chèvre-miel-basilic

Badigeonnez les feuilles de brick de miel et ajoutez 1 tranche de chèvre. Poivrez, ajoutez 1 pincée de ras al-hanout et du basilic ciselé. Fermez, huilez, enfournez.

Chèvre-miel-menthe

Remplacez le basilic par des feuilles de menthe ciselée et dorez au jaune d'œuf avant d'enfourner.

BROCOLI EN SALADE

Préparation : 25 min • Cuisson : 3 min • Pour 4 personnes

1 paquet de mesclun (mélange de feuilles de salade) • 500 g de brocoli 1 pomme rouge • le jus d'1/2 citron • 1 oignon • 150 g de lardons noisettes grillées • 200 g de feta en dés

Pour la sauce : *1 c. à s. de vinaigre de vin • 1 gousse d'ail écrasée 3 c. à s. d'huile de tournesol • sel, poivre*

- Lavez la salade et essorez-la. Faites blanchir le brocoli pendant 3 min dans de l'eau bouillante. Égouttez-le et rafraîchissez-le sous l'eau froide.
- Coupez la pomme en tranches fines et citronnez-les. Réservez.
- Épluchez l'oignon et émincez-le en anneaux.
- Faites frire les lardons pour qu'ils soient croustillants et disposez-les sur du papier absorbant pour enlever l'excès de gras.
- Fouettez les ingrédients de la sauce dans un bol.
- Placez le mesclun, le brocoli, les lardons, la pomme et l'oignon dans un saladier. Tournez délicatement. Ajoutez les noisettes et les dés de feta, et arrosez de la sauce au moment de servir.

Sauce à l'ail et aux épices

Fouettez 1 jaune d'œuf avec 1 c. à s. de moutarde, puis ajoutez de l'huile de maïs en filet jusqu'à ce que la mayonnaise se forme. Ajoutez 1 jus de citron, 2 gousses d'ail hachées et 1 pincée de 5-épices.

Brocoli aux lardons et au maïs

Servez avec des lardons revenus à la poêle, des lanières de poivron rouge, des petits épis de maïs.

Brocoli aux tomates et au basilic

Mélangez 2 c. à s. d'huile d'olive, 1 gousse d'ail hachée, du basilic ciselé, le jus d'1 citron, du sel et du poivre. Servez avec le brocoli et des rondelles de tomate.

Salade de brocoli au poulet

Ajoutez des blancs de poulet revenu et du persil ciselé. Remplacez le vinaigre par de la moutarde.

BRUSCHETTA AUX FÈVES

Préparation : 25 min • Cuisson : 20 min • Pour 6 personnes

1 tête d'ail • 6 cl d'huile d'olive
1 kg de fèves surgelées • 10 feuilles de sauge
20 cl de lait • 1 pain de campagne ou 1 pain ciabatta
le zeste d'1 citron • sel, poivre

- Pelez l'ail, réservez-en 1 gousse et pressez le reste. Faites chauffer l'huile d'olive dans une poêle et faites-y revenir l'ail et les fèves de 10 à 15 min.
- Ajoutez la sauge, salez et poivrez, et faites sauter pendant 3 min. Ajoutez le lait et couvrez, puis laissez mijoter pendant 20 min à feu doux, jusqu'à ce que les fèves aient absorbé une bonne partie du lait.
- Coupez le pain en tranches, placez-les sur une plaque de cuisson et faites-les toaster sous le gril. Frottez la gousse d'ail réservée sur le côté grillé et arrosez d'1 filet d'huile d'olive.
- Servez les fèves sur la bruschetta et saupoudrez d'un peu de zeste de citron.
- Servez immédiatement.

Aux fèves et à la trévise

Servez avec un cœur de trévise et des pignons grillés à sec.

Aux fèves et au prosciutto

Servez sur du pain aux olives, remplacez la sauge par du romarin frais, posez des tranches de prosciutto et des copeaux de parmesan.

Aux haricots blancs

Remplacez les fèves par des haricots blancs égouttés et rincés. Mélangez-les à de l'ail, de l'huile d'olive, du basilic, du vinaigre de vin rouge et des piments doux hachés.

Aux haricots verts et à la nectarine

Tartinez de la ricotta salée, poivrée, mélangée à du persil haché, de huile d'olive et 1 c. à c. de vinaigre balsamique ou de cidre. Disposez des haricots verts blanchis et des lamelles de nectarine. Poivrez.

CAKE À LA FETA ET AUX HERBES FRAÎCHES

Préparation : 20 min • Cuisson : 50 min • Pour 8 personnes

3 œufs • 160 g de farine • 1 sachet de levure chimique • 12 cl de lait
8 cl d'huile d'olive • 50 g de gruyère râpé • 200 g de feta en dés
½ bouquet de basilic • ½ bouquet de persil
½ bouquet de coriandre • sel, poivre

- Préchauffez le four à 180 °C.
- Fouettez les œufs avec la farine dans une jatte. Ajoutez la levure, le lait et l'huile d'olive.
- Ajoutez les 2 fromages et les herbes fraîches ciselées. Salez et poivrez.
- Versez la préparation dans un moule beurré et fariné et enfournez pendant 50 min environ.
- Laissez refroidir le cake avant de le démouler et de le couper.

À la feta et aux olives

Ajoutez 50 g d'olives noires à la feta et utilisez de la ciboulette, de l'estragon, du persil et de la menthe.

Aux courgettes

Ajoutez des courgettes émincées et revenues dans l'huile d'olive.

Aux courgettes et au parmesan

Remplacez la feta par 200 g de parmesan râpé. Ajoutez 250 g de courgettes sautées, du basilic et de la menthe hachés, de la noix muscade.

Aux poireaux et au poulet

Ajoutez à la pâte 3 tranches de filet de poulet dorées dans l'huile d'olive, 2 blancs de poireaux blanchis, 2 c. à s. de moutarde et des herbes fraîches.

Au thon et au piment

Ajoutez 140 g de thon au naturel, 10 cornichons, 4 c. à s. de vin blanc, 3 c. à s. d'huile d'olive, 5 c. à s. de lait, du piment d'Espelette, de la ciboulette et du cerfeuil.

CAKE AUX COURGETTES ET AU SURIMI

Préparation : 10 min • Cuisson : 45 min • Pour 8 personnes

1 carotte • 2 courgettes • 3 c. à s. d'huile • 1/2 bouquet de coriandre
3 œufs • 180 g de farine • 1 sachet de levure
12 cl de lait • 150 g de surimi • sel, poivre

- Préchauffez le four à 220 °C.
- Râpez la carotte et les courgettes grossièrement. Faites-les revenir dans un peu d'huile pendant 5 min environ. Salez, poivrez, et ajoutez la coriandre. Réservez.
- Battez les œufs avec un fouet dans un saladier. Incorporez la farine, la levure et le lait.
- Mélangez la préparation avec les légumes et ajoutez le surimi. Versez le tout dans un moule à cake beurré. Faites cuire au four pendant 40 min. Vérifiez la cuisson en plantant la lame d'un couteau dans le cake, la lame doit ressortir propre.
- Laissez refroidir avant de démouler.

Cake au brocoli et au surimi

Remplacez les courgettes par des bouquets de brocoli blanchis. Ajoutez 100 g de gruyère râpé.

Cake aux courgettes, au chèvre et aux lardons

Remplacez le surimi par 100 g de lardons fumés, 50 g de gruyère râpé et 120 g de chèvre en bûche. Ajoutez de l'origan.

Cake aux courgettes, aux olives et aux pistaches

Ajoutez 100 g d'olives noires, 50 g de pistache décortiquées et 70 g de copeaux de parmesan.

Cake aux asperges et aux crevettes

Remplacez les courgettes par 100 g de pointes d'asperges vertes blanchies et le surimi par 100 g de crevettes décortiquées. Ajoutez 75 g de fromage frais et 5 cl de vin blanc.

Duo de carottes

Faites revenir des carottes oranges et des carottes jaunes blanchies dans de l'huile d'olive, ajoutez le jus d'1/2 citron, de la coriandre fraîche et de l'ail.

Carottes à la harissa

Ajoutez un peu de harissa aux autres épices selon le goût. Saupoudrez de coriandre hachée et servez frais.

Carottes à la cardamome et au gingembre

Râpez les carottes et mélangez à 1 oignon rouge émincé. Versez le jus de 2 citrons, ajoutez de l'huile, du sel, 1 c. à c. de sucre, du poivre, 1/2 c. à c. de cardamome et 1 morceau de gingembre haché. Décorez de menthe ciselée.

Salade de carotte à l'orange

Mélangez les quartiers de 2 oranges aux carottes râpées. Assaisonnez avec 1 c. à s. d'eau de fleur d'oranger, 1 c. à s. de sucre, le jus d'1 citron, de l'huile d'olive, du sel et du poivre.

CAROTTES À LA MAROCAINE

Préparation : 15 min • Cuisson : 20 min • Pour 4 personnes

225 g de petites et jeunes carottes • 1 gousse d'ail
1/4 de c. à c. de sucre semoule • 1/8 de c. à ç. de cannelle en poudre
1/2 c. à c. de cumin en poudre • 1/2 c. à c. de paprika
1/2 c. à c. de poudre de piment • le jus d'1 citron
4 c. à s. d'huile d'argan ou d'olive • 1/2 bouquet de persil émincé
sel et poivre du moulin

- Pelez les carottes et coupez les extrémités. Pelez la gousse d'ail. Faites cuire les carottes et l'ail dans une grande casserole d'eau bouillante salée pendant 20 min. Égouttez en jetant l'ail, et mettez les carottes dans un saladier.

- Mélangez le sucre, les épices, le jus de citron, et 2 c. à s. d'huile dans un bol. Salez et poivrez.

- Versez ce mélange sur les carottes pendant qu'elles sont encore chaudes. Laissez refroidir.

- Juste avant de servir, versez le reste de l'huile et parsemez de persil.

CONSOMMÉ DE BŒUF AUX LÉGUMES

Préparation : 15 min • Cuisson : 45 min • Pour 4 personnes

3 poireaux • 2 navets • 1 branche de céleri • 2 gousses d'ail
1 gros oignon • 1 bouquet garni • 4 clous de girofle
1,5 l de bouillon de bœuf • 300 g de bœuf cuit
8 grains de poivre • sel

- Pelez les légumes et émincez-les. Pelez l'ail et l'oignon. Mettez les légumes dans une cocotte avec l'ail, l'oignon, le bouquet garni, les clous de girofle et le poivre. Couvrez avec le bouillon. Portez à ébullition, puis baissez le feu et laissez mijoter pendant 30 min à feu doux.

- Coupez le bœuf cuit en tranches épaisses et ajoutez-le dans la cocotte. Laissez cuire pendant 15 min encore. Rectifiez l'assaisonnement et servez chaud.

À la citronnelle

Ajoutez 2 bulbes de citronnelle émincés à la cuisson des légumes et servez avec de la coriandre ciselée.

Consommé à la moelle

Imbibez 200 g de mie de pain rassis de bouillon froid. Ajoutez 3 œufs battus avec du sel, du poivre, de la noix muscade et 300 g de moelle de bœuf fondue à feu doux. Modelez des boulettes et plongez-les 5 min dans 1 l de bouillon de bœuf bien chaud. Servez.

À l'autrichienne

Portez du bouillon dégraissé à ébullition, versez dans des bols sur 1 jaune d'oeuf cru.

Consommé de navet

Faites dorer 2 échalotes émincées dans 25 g de beurre. Ajoutez 1 l de bouillon de volaille, 500 g de navets coupés en lamelles, du cerfeuil ciselé, du sel et du poivre. Mixez, servez avec 1 c. à s. de crème et du cerfeuil.

CRÈME DE CHOU-FLEUR

Préparation : 10 min • Cuisson : 20 min • Pour 4 personnes

600 g de chou-fleur • 1 oignon • 2 poireaux • 1 c. à s. d'huile
50 cl de bouillon de légumes • 1 pincée de noix muscade
70 g de copeaux de parmesan • sel, poivre

- Séparez le chou-fleur en bouquets et prélevez 4 feuilles. Faites-les cuire à la vapeur et réservez-les.
- Épluchez et émincez l'oignon. Lavez et émincez les poireaux. Faites chauffer l'huile dans une casserole et faites-y revenir doucement l'oignon, le chou-fleur et les poireaux pendant 5 min, jusqu'à ce qu'ils soient dorés.
- Ajoutez le bouillon de légumes et la noix muscade, et portez à ébullition. Baissez le feu et laissez mijoter pendant 15 min, jusqu'à ce que le chou-fleur soit tendre.
- Passez au mixeur pour réduire le tout en une purée lisse. Assaisonnez et versez dans des bols.
- Décorez avec quelques copeaux de parmesan et une feuille de chou-fleur.

Au caramel de vinaigre balsamique

Faites cuire 400 g de chou-fleur dans 30 cl de lait, ajoutez 1/2 cube de bouillon de volaille. Mixez avec 5 cl de crème fraîche, versez dans des verrines. Préparez un caramel avec 90 g de sucre et 30 cl de vinaigre balsamique. Servez avec de la coppa.

Au curry

Mixez le chou-fleur avec 20 cl de crème liquide, du sel, du poivre et 1 c. à c. de curry. Décorez de coriandre.

Safranée

Mixez le chou-fleur cuit dans le lait et 2 gousses d'ail avec 60 g de beurre, de la noix muscade et 1 pincée de safran, du sel, du poivre. Faites cuire 5 min. Parsemez de cerfeuil ciselé.

Au cumin et aux moules

Mixez le chou-fleur cuit dans 25 cl de bouillon de volaille avec 2 c. à s. de crème épaisse et 4 pincées de cumin. Portez à ébullition 2 min. Servez avec des moules marinière et du persil.

CROQUE-MONSIEUR AU ROQUEFORT

Préparation : 15 min • Cuisson : 4 min • Pour 4 personnes

50 g de roquefort • 2 c. à s. de crème fraîche
20 g de beurre • 8 tranches de pain de mie • 4 tranches de jambon blanc

- Écrasez le roquefort avec la crème fraîche dans un bol.
- Beurrez les tranches de pain de mie. Découpez les tranches de jambon, et répartissez-les sur 4 des tranches de pain de mie.
- Déposez de la sauce au roquefort sur le jambon.
- Recouvrez avec les tranches de pain de mie beurrées restantes.
- Mettez sous le gril du four ou dans un appareil à croque-monsieur pendant 4 min environ, jusqu' à ce que le pain soit grillé.

Roquefort, poire et noix

Ajoutez des lamelles de poire sur le roquefort étalé sur les tranches de pain de mie et des noix concassées. Faites-les griller.

Au saumon

Étalez de la crème fraîche sur les tranches de pain de mie, ajoutez 1 tranche de saumon fumé et 1 tranche de cheddar. Refermez et faites griller.

Au jambon et au morbier

Étalez de la crème fraîche sur les tranches de pain de mie, déposez 1 tranche de jambon blanc, 1 tranche de morbier et 1 rondelle de tomate, refermez avec une tranche de pain de mie nappée de crème, parsemez de gruyère râpé. Enfournez.

Croque au foie gras

Déposez 1 tranche de foie gras cru salé, poivré et poêlé sur les tranches de pain de mie. Ajoutez des cèpes revenus et coupés. Refermez avec 1 tranche de pain de mie. Faites griller.

DIP DE BETTERAVE

Préparation : 10 min • Cuisson : aucune • Pour 4 personnes

1 betterave cuite • 5 cl de crème fraîche • 1 c. à s. de vinaigre balsamique
1 pincée de graines de pavot • sel, poivre

- Pelez et coupez la betterave en cubes.
- Mixez-la avec la crème fraîche et le vinaigre balsamique. Le mélange doit être homogène, ajoutez un peu d'eau si nécessaire. Salez et poivrez.
- Versez le dip dans un petit bol, parsemez de graines de pavot et servez avec des biscuits apéritifs.

Au tofu et au cumin

Remplacez la crème fraîche par 100 g de tofu nature. Ajoutez 1/2 c. à c. de cumin, décorez de ciboulette ou de basilic ciselé.

Aux noix

Mixez la betterave avec 6 noix et 100 g de feta.

Sur galettes de maïs au pavot

Mélangez 250 g de farine de maïs avec 1 c. à c. de levure et 1 c. à s. de graines de pavot. Ajoutez 15 cl de lait tiède, 1 yaourt, du sel. Pétrissez. Divisez la pâte en 12 boules, étalez et cuisez à la poêle. Faites cuire des 2 côtés.

Au cumin

Mixez 3 betteraves cuites, 200 g de fromage blanc, 1/2 c. à c. de cumin en poudre, du sel, du poivre. Ajoutez 3 c. à s. de ricotta, 1 c. à s. d'huile de noisette et des graines de sésame grillées.

GALETTE AU FROMAGE

Préparation : 10 min • Cuisson : 15 min • Pour 4 personnes

100 g de farine • 1 sachet de levure • 50 g de gruyère râpé
1/2 botte de ciboulette émincée • 2 œufs • 3 c. à c. de lait • sel

- Préchauffez le four à 200 °C.
- Mélangez la farine, la levure, le fromage râpé, la ciboulette dans un saladier.
- Fouettez les jaunes d'œufs avec le lait. Salez et incorporez-les au mélange.
- Battez les blancs d'œuf en neige. Incorporez-les délicatement à la préparation.
- Déposez la pâte sur la plaque du four en faisant une boule d'environ 20 cm de diamètre. Faites cuire au four de 15 à 20 min.
- Dégustez chaud ou froid.

Au comté et au carvi

Remplacez le gruyère râpé par du comté et ajoutez des graines de carvi ou de cumin.

Au cantal

Pétrissez 350 g de farine, 100 g de beurre en pommade, 5 œufs et 1 pincée de sel. Laissez reposer 2 h. Étalez dans une tourtière et disposez 250 g de cantal en lamelles. Enfournez 45 min à 180 °C.

Au comté et aux pommes de terre

Dans une poêle avec 40 g de beurre fondu, alternez des lamelles de pommes de terre, du comté râpé, du sel, du poivre, de la muscade. Couvrez, faites cuire 45 min à feu doux, retournez la galette pour qu'elle dore sur l'autre face. Laissez encore 15 min sans couvercle.

Au sarrasin, au jambon et au fromage

Prenez de la farine de sarrasin et ajoutez 200 g de jambon blanc coupés en dés et remplacez la ciboulette par du basilic.

GASPACHO DE TOMATE

Préparation : 15 min • Cuisson : aucune • Pour 12 personnes

1 kg de tomates bien mûres • 100 g de pain blanc • 2 gousses d'ail
15 cl d'huile d'olive • 3 cl de vinaigre • 12 petites asperges
basilic frais • sel, poivre

- Coupez les tomates en 2. Ôtez la croûte du pain, et émiettez la mie.

- Écrasez l'ail avec un peu de sel à l'aide d'un mortier, jusqu'à obtention d'une pâte lisse. Mixez les tomates et le pain en fine purée. Passez cette purée à travers un chinois pour retirer les peaux et les pépins. Replacez la purée dans le mixeur et ajoutez la pâte d'ail. Mixez en ajoutant 12 cl d'huile d'olive en filet.

- Versez la préparation dans un saladier et ajoutez le vinaigre. Salez et poivrez. Ajoutez un peu d'eau si la préparation est trop épaisse. Placez au réfrigérateur pour 2 h au moins avant de servir.

- Au moment de servir, versez dans des verres, arrosez d'1 filet d'huile d'olive, salez et poivrez. Placez 1 asperge et 1 feuille de basilic dans chaque verre.

Sans asperges

Remplacez les asperges par 1/2 concombre épépiné, 1 poivron rouge et 1 oignon. Ajoutez 1 pincée de piment d'Espelette.

Épicé

Ajoutez 10 gouttes de tabasco et remplacez le basilic par de la menthe.

Aux poivrons

Faites revenir 1 poivron vert et 1 poivron rouge émincés dans l'huile d'olive pour accompagner le gaspacho, servez avec 1 c. à c. de ricotta.

Aux légumes verts

Mixez 1 concombre, 1 courgette, 1 poivron vert, 1 poignée de haricots verts, 100 g de petits pois, 1/4 de piment vert, du persil plat, 1 oignon, du sel, du poivre et 1 c. à c. de vinaigre balsamique.

GRATINÉE À L'OIGNON

Préparation : 10 min • Cuisson : 40 min • Pour 6 personnes

400 g d'oignons • 50 g de beurre • 1 c. à s. de farine
1 l de bouillon de volaille • croûtons de pain • 150 g de gruyère râpé

- Pelez et émincez finement les oignons. Faites-les revenir pendant 5 min dans une poêle avec le beurre.
- Ajoutez la farine et remuez bien.
- Versez le bouillon, portez à ébullition et laissez mijoter à feu doux, à couvert, pendant 30 min.
- Versez la soupe dans des bols individuels. Répartissez quelques croûtons de pain, parsemez de gruyère râpé et passez sous le gril du four pendant 5 min. Servez chaud.

Gratinée épicée aux oignons et aux poireaux

Prenez 300 g d'oignons et 3 poireaux émincés et ajoutez 2 pincées de 4-épices.

Aux oignons rouges et au comté

Prenez des oignons rouges et remplacez le gruyère par du comté. Assaisonnez avec un mélange de 5 baies.

À la lyonnaise

Faites caraméliser les oignons émincés dans du beurre, versez du bouillon de bœuf. Ajoutez 1 branche de thym et 2 feuilles de laurier, du sel et du poivre. Après 1 h de cuisson, ajoutez 10 cl de porto rouge. Servez dans des bols, déposez 1 tranche de pain, recouvrez de gruyère râpé et enfournez 5 à 10 min sous le gril.

Au muscadet

Remplacez le bouillon par 50 cl de muscadet et 50 cl d'eau.

Aux pois cassés

Ajoutez des pois cassés blanchis, mais croquants, aux légumes.

Frits

Coupez 1 kimchi, 1 pomme de terre et 1 oignon en dés. Battez 1 œuf avec 4 c. à s. de farine, 1 c. à c. de sucre, 1/2 c. à c. de poudre de poisson et 12 cl d'eau. Enrobez les dés de légumes et faites frire à la poêle.

Aux crevettes

Mélangez 1 chou chinois en petits morceaux, 2 gousses d'ail et 2 oignons verts hachés avec 2 c. à c. de piment rouge et 1 c. à c. de gingembre râpé. Ajoutez des crevettes décortiquées.

Soupe au kimchi et au thon

Portez 50 cl d'eau et 250 g de kimchi à ébullition. Ajoutez 1 oignon émincé, 1 gousse d'ail hachée et 200 g de thon. Après 15 min, ajoutez 125 g de tofu coupé en dés. Servez.

KIMCHI DE LÉGUMES AU BOUILLON

Préparation : 15 min • Cuisson : 20 min • Pour 4 personnes

1 l de bouillon de légumes • 200 g de carottes jaunes • 2 navets
1 gousse d'ail • 1/2 bouquet de coriandre
2 tiges de cive chinoise • 1 petit morceau de gingembre
1 bocal de 400 g de kimchi (chou chinois fermenté)
4 c. à s. de tomates séchées • 1 c. à s. de graines de sésame grillées

- Portez le bouillon de légumes à ébullition dans une grande casserole.

- Pendant ce temps, pelez les carottes et les navets et coupez-les en morceaux. Ajoutez-les au bouillon et laissez cuire pendant 15 min à feu doux.

- Pelez l'ail et émincez-le. Ciselez la coriandre et coupez la cive en tronçons. Pelez le gingembre et râpez-le. Incorporez-les 5 min avant la fin de la cuisson, avec le kimchi égoutté.

- Répartissez le bouillon dans 4 bols. Déposez 1 c. à s. de tomates séchées sur chaque bol et parsemez de graines de sésame grillées. Dégustez chaud.

À la saucisse fumée et à la coriandre

Remplacez le mesclun par de la roquette et ajoutez des rondelles de saucisse fumée et de la coriandre ciselée.

Lentilles aux lardons

Ajoutez 200 g de lardons dorés à la poêle, 2 échalotes hachées, 2 c. à s. d'huile d'olive 2 c. à s. d'huile de noix, 2 c. à s. de vinaigre de vin, 1 filet de vinaigre balsamique, du sel, du poivre.

Salade de lentilles corail

Mélangez 100 g de lentilles corail cuites, de la roquette, des tomates séchées, des dés de feta, des quartiers de pamplemousse rose, 2 oignons nouveaux, 3 c. à s. d'huile d'olive, 1 c. à c. de moutarde, le jus d'1 pamplemousse et de la coriandre ciselée.

Salade de quinoa

Remplacez les lentilles par du quinoa. Ajoutez 2 tomates et 1/2 concombre coupés en dés, 1 échalote hachée, des feuilles de menthe, de l'huile d'olive, le jus d'1 citron et du sel.

LENTILLES AUX TOMATES, AUX CAROTTES ET AU MESCLUN

Préparation : 15 min • Cuisson : 10 min • Pour 4 personnes

150 g de lentilles vertes du Puy • 1 carotte • 2 tomates • 1 échalote
1/2 botte de ciboulette • 3 c. à s. d'huile d'olive
1 c. à c. de vinaigre balsamique • 1 c. à s. de vinaigre de cidre
1/2 sachet de mesclun (salade mélangée) • sel, poivre

- Faites cuire les lentilles pendant 10 min dans une grande casserole d'eau bouillante salée.

- Pelez la carotte et coupez-la en petits cubes. Coupez les tomates en 2, épépinez-les et coupez-les en petits cubes. Pelez et émincez l'échalote. Ciselez la ciboulette.

- Égouttez les lentilles et passez-les sous l'eau froide. Ajoutez l'huile, les vinaigres et la ciboulette. Salez et poivrez. Réservez au frais.

- Ajoutez le mesclun au moment de servir.

Aux haricots blancs

Ajoutez du tapioca, 125 g de haricots blancs, 250 g de petits pois, 1 poireau émincé et 2 courgettes en dés.

Tout haricot

Utilisez 500 g de haricots verts, 2 branches de céleri, 500 g de haricots coco et remplacez le chorizo par 1 petit morceau de porc salé coupé en cubes.

Milanais

Mélangez la chair d'1 avocat à la crème fraîche. Tartinez-en les toasts et déposez 1 c. à c. d'œufs de lump par-dessus.

Végétarienne

Mélangez 250 g de chou, 100 g de haricots verts et 3 carottes coupés, 2 pommes de terre et 2 courgettes en dés, 300 g de haricots blancs, 2 branches de céleri, 2 oignons émincés et des tomates.

MINESTRONE

Préparation : 15 min • Cuisson : 30 min • Pour 6 personnes

1 oignon • 2 carottes • 3 pommes de terre • 1 poivron
1 bâton de céleri • 4,5 cl d'huile d'olive • 120 g de petits pois surgelés
1 chorizo • 3 gousses d'ail • 1 c. à s. de persil
1 c. à c. de feuilles de thym frais • 1 boîte de 400 g de tomates concassées
1 c. à s. de sucre en poudre • 1 c. à c. d'origan séché
50 cl de bouillon de bœuf • sel, poivre

- Pelez l'oignon et émincez-le. Épluchez les carottes et les pommes de terre et coupez-les en dés. Épépinez le poivron et coupez-le en dés. Émincez le céleri.

- Faites revenir les oignons à l'huile dans une grande casserole pendant 2 min, jusqu'à ce qu'ils soient transparents. Ajoutez tous les légumes, et faites-les sauter pendant 5 min à feu moyen.

- Pendant ce temps, coupez le chorizo en tranches et réservez-en quelques-unes pour le décor. Pelez les gousses d'ail et écrasez-les. Ajoutez-les aux légumes ainsi que le persil, le thym et le chorizo.

- Faites sauter pendant 3 min, jusqu'à ce que le chorizo prenne une couleur brune. Ajoutez les tomates et leur sauce, le sucre et l'origan. Salez, poivrez, et laissez mijoter à feu doux pendant 5 min, en remuant de temps en temps.

- Ajoutez ensuite le bouillon, couvrez et laissez mijoter à couvert pendant 15 min. Décorez avec des tranches de chorizo.

NAGE DE POULET ET TORTILLA

Préparation : 15 min • Cuisson : 14 min • Pour 4 personnes

2 escalopes de poulet • 1 oignon • 2 poivrons (1 rouge, 1 jaune) • 1 piment
20 g de beurre • 1 l d'eau • 1 cube de bouillon de poulet
1 pot de 230 g de sauce taco • 300 g de pâtes à potage étoiles
1 citron vert • chips mexicaines type nachos • sel, poivre

- Coupez les escalopes en lamelles. Pelez l'oignon et émincez-le. Épépinez les poivrons et le piment et coupez-les en lamelles.

- Faites revenir le poulet dans le beurre pendant 5 min en remuant.

- Ajoutez l'oignon et le piment et faites sauter pendant 3 min.

- Ajoutez l'eau, le cube de bouillon et la sauce taco, puis portez à ébullition. Ajoutez les pâtes et laissez cuire pendant 6 min (adaptez au temps de cuisson indiqué sur le paquet). Rectifiez l'assaisonnement, puis servir avec le citron vert coupé en quartiers et les tortillas.

Mexicaine

Faites revenir 50 g de piment Chilaca pour ajouter à 2 tomates en purée.

Aztèque

Mélangez des dés de tomates, 1 oignon émincé, 2 gousses d'ail écrasées, 1 l de bouillon de poulet, 1 piment sec, de l'huile d'olive, 1/2 c. à c. de graines de coriandre, du sel, du poivre. Servez avec des tortillas de maïs, des lamelles d'avocat, de la crème, des quartiers de limes.

Épicée

Ajoutez 8 gousses d'ail hachées et 4 piments verts frais épépinés et émincés. Parsemez de coriandre ciselée et servez.

Aux haricots noirs

Faites frire 3 tortillas en lamelles. Portez à ébullition 75 cl de bouillon, 1/2 c. à c. de cumin, 1/2 c. à c. de chili et 1/2 c. à c.d'origan. Ajoutez 1 boîte de haricots noirs, 1 petite boîte de maïs, des aiguillettes de poulet et 1/2 tasse de salsa.

ŒUFS MIMOSA

Préparation : 10 min • Cuisson : 10 min • Pour 4 personnes

4 œufs • 2 à 3 c. à s. de mayonnaise • 1 c. à c. de moutarde • sel

- Portez une casserole d'eau à ébullition. Salez. Déposez délicatement les œufs avec une cuillère dans la casserole et laissez-les cuire pendant 10 min. Laissez-les refroidir.
- Écalez les œufs. Coupez-les en 2 et séparez les blancs des jaunes.
- Dans un bol, écrasez à la fourchette 6 moitiés de jaunes avec la mayonnaise et la moutarde. Répartissez ce mélange dans les moitiés de blancs d'œufs.
- Émiettez les jaunes d'œufs restants à travers une passoire à thé métallique et saupoudrez-en les œufs.

Au saumon

Mixez 200 g de saumon fumé, ajoutez les jaunes d'œufs cuits et la mayonnaise. Remplissez les blancs.

Au jambon

Hachez du jambon blanc et mélangez à la mayonnaise.

Aux crevettes

Ajoutez à la mayonnaise 125 g de crevettes grises, 1 c. à s. de persil haché et mélangez aux jaunes avant de remplir les blancs.

Au thon et à la feta

Remplacez la mayonnaise par de la feta et saupoudrez de feta effritée.

Aux oignons et à l'ail

Mélangez 250 g de pois chiches, 2 oignons blancs et 3 gousses d'ail émincés, 3 c. à s. d'huile d'olive, 1 c. à s. de vinaigre, du persil, du sel et du poivre.

À l'orientale

Mélangez 250 g de pois chiches, 1 poivron rouge et 1 tomate coupés en dés, 50 g de raisins secs, des dés de feta, 1 oignon rouge émincé, du persil, le jus d'1 citron vert, de l'huile d'olive, 1/2 c. à c. de ras-el-hanout, 1/2 c. à c. de cumin, du paprika, du sel et du poivre.

Aux oignons

Mélangez 500 g de pois chiches, 2 oignons rouges, 1 poivron vert coupé en dés et 100 g d'olives noires. Arrosez de vinaigrette.

Méditerranéenne

Mélangez 400 g de pois chiches, 12 anchois, du thon émietté, des câpres, 6 oignons nouveaux émincés, 1 gousse d'ail écrasée, le jus et le zeste d'1 citron, des tomates cerises, de l'huile d'olive, du basilic, du sel et du poivre.

POIS CHICHES À LA CORIANDRE

Préparation : 10 min • Cuisson : 30 min • Pour 4 personnes

1,5 kg de courge butternut • 3 c. à s. d'huile d'olive
4 oignons de printemps émincés • 2 gousses d'ail
1 boîte de 400 g de pois chiches • 1 bouquet de coriandre
1/2 bouquet de persil • 2 poignées de roquette

Pour la sauce : *3 gousses d'ail écrasées • 1/2 c. à c. de paprika*
1 c. à c. de cumin moulu • 1/2 piment émincé
le jus et le zeste d'1 citron • 4 c. à s. d'huile d'olive
1 c. à c. de sucre • sel, poivre

- Préchauffez le four à 200 °C.
- Pelez la courge et coupez-la en cubes. Versez-les dans un plat à gratin et arrosez d'huile d'olive. Faites-les cuire au four pendant 30 min, jusqu'à ce que la courge soit tendre, mais que les cubes gardent leur forme. Laissez refroidir.
- Pelez les oignons et émincez-les. Pelez l'ail et écrasez-le. Égouttez et rincez les pois chiches. Ciselez les herbes.
- Fouettez tous les ingrédients de la sauce dans un bol. Mettez les pois chiches dans un grand saladier et versez la moitié de la sauce dessus. Ajoutez les herbes et mélangez. Ajoutez la courge refroidie, la roquette et le reste de sauce. Mélangez délicatement. Servez.

Au vinaigre balsamique

Une fois cuits et pelés, coupez les poivrons en lanières, ajoutez de l'huile d'olive, du vinaigre balsamique et 1 échalote émincée.

Brouillade de poivrons au chorizo

Servez avec des œufs brouillés et des tranches de chorizo.

Poivrons aux anchois

Enfournez des poivrons rouges entiers à 180 °C. Dès qu'ils sont grillés, pelez-les et détaillez-les en lamelles. Arrosez d'huile d'olive. Accompagnez de filets d'anchois.

Poivrons aux oignons rouges

Faites revenir 2 oignons rouges émincés dans l'huile d'olive, ajoutez 3 poivrons (1 rouge, 1 vert, 1 jaune) émincés, 2 gousses d'ail hachées, du thym. Servez avec des tranches de coppa.

POIVRONS RÔTIS

Préparation : 15 min • Cuisson : 30 min • Pour 8 personnes

4 poivrons rouges • 4 poivrons jaunes • 2 gousses d'ail
1 bouquet de basilic frais • 10 cl d'huile d'olive vierge extra

- Préchauffez le four à 220 °C.
- Placez les poivrons dans un plat à four et faites-les rôtir pendant 30 min, jusqu'à ce que la peau noircisse, en les retournant à mi-cuisson.
- Ôtez les poivrons du four et placez-les dans un sachet plastique hermétique ou dans un saladier recouvert de film alimentaire et laissez refroidir.
- Pendant ce temps, pelez et émincez l'ail. Ciselez le basilic.
- Pelez les poivrons, épépinez-les, et coupez-les en fines lanières.
- Disposez dans un saladier pour servir, arrosez d'1 filet d'huile d'olive et parsemez d'ail et de basilic.
- Servez à température ambiante.

POMMES GRANNY AU JAMBON CRU ET MIMOLETTE

Préparation : 10 min • Cuisson : aucune • Pour 2 personnes

1 pomme granny • 3 tranches de jambon cru • 80 g de mimolette
2 c. à s. d'huile d'olive • sel, poivre

- Coupez la pomme en 2 et ôtez le cœur. Coupez-la en dés.
- Émincez le jambon en fines lamelles. Coupez la mimolette en petits dés.
- Mélangez les dés de pommes et de mimolette avec le jambon cru dans un saladier. Ajoutez 1 filet d'huile d'olive, assaisonnez et servez.

À la tomme de chèvre

Remplacez la mimolette par de la tomme de chèvre. Ajoutez des croûtons de pain grillé et utilisez de l'huile de noisette, 1 trait de citron vert et de la fleur de sel.

Aux figues, au jambon et au manchego

Remplacez la pomme par des quartiers de figues, ajoutez de fines tranches de jambon cru et des dés de manchego. Assaisonnez d'huile d'olive vierge, de vinaigre de framboise mélangés à 1 c. à s. de miel et du poivre.

À la roquette et au brocoli

Mélangez des bouquets de brocoli blanchis, de la roquette, des pousses d'épinards, de la pomme verte, du persil, de la ciboulette, de l'estragon, de l'huile d'olive et le jus d'1 citron vert.

À la piémontaise

Mélangez des pommes de terre cuites à la vapeur, des rondelles d'œufs durs, des tranches de tomates, des quartiers de pomme verte et des rondelles de cornichons.

POMMES DE TERRE ET TOMATES INSALATA

Préparation : 20 min • Cuisson : 55 min • Pour 6 personnes

1 kg de pommes de terre • 3 c. à s. d'huile d'olive
1 boîte de 410 g de tomates pelées et émincées
2 gousses d'ail écrasées • 1 c. à c. d'origan séché
3 c. à s. de persil plat ciselé • 250 g de tomates cerises
3 c. à s. de câpres égouttés • sel, poivre

Pour la vinaigrette : *5 c. à s. d'huile d'olive • le jus d'1 citron*

- Préchauffer le four à 190 °C.

- Épluchez les pommes de terre et coupez-les en tranches de 5 mm d'épaisseur. Disposez-les dans un plat à gratin huilé avec 1 c. à s. d'huile d'olive, de façon que les tranches se superposent légèrement. Versez 25 cl d'eau sur les pommes de terre, salez, poivrez et couvrez de papier d'aluminium. Faites cuire au four pendant 30 min.

- Mélangez les tomates en boîte, 2 c. à s. d'huile d'olive, l'ail, l'origan, et la moitié du persil. Salez et poivrez. Ôtez le papier d'aluminium et versez la préparation aux tomates sur les pommes de terre. Remettez le plat au four et faites cuire pendant 25 min.

- Remuez délicatement et laissez refroidir. Coupez les tomates cerises en 2, et répartissez-les sur les pommes de terre. Arrosez de vinaigrette. Parsemez de câpres et du reste de persil. Servez frais.

À la crème

Faites cuire 10 pommes de terre coupées en dés, ajoutez-y 2 oignons émincés. Laissez refroidir. Ajoutez du sel, du poivre, du persil, 2 tomates en dés. et 3 c. à s. de crème fraîche.

En tian

Dans un plat à four huilé, alternez des rondelles de pommes de terre, d'oignon et de tomate. Ajoutez du sel, du poivre, de la coriandre. Enfournez 1 h à 180 °C.

En gratin

Dans un plat à gratin, versez de l'huile d'olive, déposez des rondelles de pommes de terre, des lamelles d'oignons et des tomates cerises. Salez et poivrez. Parsemez de parmesan râpé et de basilic ciselé.

Au chorizo et à la mozzarella

Ajoutez aux pommes de terre cuites et aux tomates des tranches de courgette, de chorizo et de mozzarella. Parsemez de paprika, de persil. Salez et poivrez

QUICHE AUX ASPERGES, À LA COPPA ET À LA RACLETTE

Préparation : 15 min • Cuisson : 40 min • Pour 6 personnes

1 pâte feuilletée • 250 g d'asperges vertes • 3 œufs • 20 cl de lait
50 g de coppa en tranches • 100 g de fromage à raclette

- Préchauffez le four à 180 °C.
- Étalez la pâte feuilletée dans un moule à tarte de 26 cm de diamètre recouvert de papier sulfurisé. Piquez le fond avec une fourchette.
- Faites cuire les asperges dans une grande casserole d'eau bouillante salée pendant 10 min.
- Battez les œufs avec le lait dans un saladier. Détaillez la coppa en lanières et le fromage en dés. Ajoutez-les au mélange aux œufs.
- Versez cette préparation sur le fond de tarte. Égouttez les asperges et répartissez-les sur la préparation.
- Faites cuire au four pendant 30 min. Servez chaud ou froid.

Aux asperges et au parmesan

Remplacez la raclette par 80 g de parmesan râpé, et ajoutez 1 c. à c. de noix muscade.

Aux asperges et aux petits pois

Ajoutez 150 g de petits pois, 2 tomates coupées en dés et 1/2 crottin de chèvre aux asperges. Saupoudrez de paprika. Enfournez.

Aux asperges, à la ricotta et au curry

Mélangez 200 g de ricotta, 1 œuf entier et 1 jaune, 1 c. à c. de curry et 50 g de parmesan râpé. Versez sur les asperges réparties sur la pâte. Enfournez.

Aux asperges et aux lardons

Ajoutez des lardons à 4 œufs battus avec 15 cl de crème liquide et du fromage râpé.

Pois chiches et coriandre

Mélangez 400 g de pois chiches, 200 g de carottes râpées et de la coriandre ciselée. Ajoutez de l'huile d'olive, du cumin, du sel et du poivre.

Aux radis et aux olives

Mélangez des rondelles de radis roses et de concombre, des olives noires et des dés de feta. Assaisonnez d'huile l'olive, de vinaigre balsamique et de basilic ciselé.

Salade de légumes

Mélangez 1 courgette et 1 branche de céleri coupées en cubes. Ajoutez 1 navet râpé. Arrosez de jus de citron mélangé à de l'huile d'olive et du poivre. Parsemez de fines herbes et de graines de sésame grillées.

Raïta aux radis roses

Mélangez des rondelles de radis et de la salade avec 5 c. à s. de yaourt à la grecque. Ajoutez 2 pincées de garam masala, de la coriandre, de la menthe ciselées et du sel.

RADIS À LA CORIANDRE

Préparation : 15 min • Cuisson : aucune • Pour 6 personnes

2 bottes de radis • 2 bouquets de coriandre • 50 g de roquette
le jus d'1 citron • 4 c. à s. d'huile d'olive
6 tranches de pain de campagne • 20 g de beurre demi-sel • poivre

- Coupez et jetez les fanes des radis. Lavez les radis et coupez-les en 2.
- Ciselez la coriandre et mettez-la dans un saladier avec les radis, la roquette, le jus de citron et l'huile d'olive. Poivrez et réservez au frais pendant 30 min.
- Tartinez les tranches de pain avec le beurre demi-sel et servez avec la salade de radis.

SALADE AUX CROÛTONS À L'ITALIENNE

Préparation : 30 min • Cuisson : 8 min • Pour 4 personnes

1 pain de campagne blanc • 1 gousse d'ail • 125 g de pois mange-tout
6 tomates • 1 poivron jaune • 1/2 oignon rouge • 200 g de mozzarella
3 c. à s. de basilic frais ciselé • 3 c. à s. d'huile d'olive
1 c. à s. de vinaigre balsamique • sel, poivre

- Coupez le pain en tranches dans la longueur et faites-les griller des 2 côtés jusqu'à ce que le pain soit bien doré. Épluchez la gousse d'ail et frottez-en chaque tranche de pain. Coupez le pain en petits cubes. Réservez.

- Faites cuire les pois mange-tout dans une casserole d'eau bouillante salée pendant 8 min. Égouttez-les. Coupez-les en 3.

- Coupez les tomates en dés. Épépinez le poivron et coupez-le en dés. Pelez et émincez l'oignon. Coupez la mozzarella en cubes.

- Mettez le pain dans un saladier et ajoutez le reste des ingrédients. Arrosez d'huile d'olive et de vinaigre balsamique. Salez, poivrez, et mélangez. Parsemez de basilic pour servir.

Roquette aux haricots et au romano

Prenez du fromage romano râpé et ajoutez de la roquette, 1 boîte de haricots lupins, des tomates cerises et des croûtons. Assaisonnez.

Fèves aux croûtons

Servez des fèves blanchies et refroidies avec 1 poivron jaune émincé, du cresson, des oignons, des asperges vertes, des tomates cerises, des pistaches grillées et des croûtons. Arrosez de vinaigrette.

Roquette à la pomme et aux pignons

Mélangez de la roquette, des dés de pomme, des pignons grillés à sec, de la vinaigrette à la moutarde, de la ciboulette et des croûtons.

Salade César

Ajoutez des tranches de bacon coupées en dés à la recette de base. Faites une sauce avec 1 gousse d'ail haché, 1 œuf dur émietté, le jus d'1/2 citron, de la moutarde, de l'huile d'olive, du parmesan râpé, du poivre.

SALADE DE COURGETTES AU SAUMON

Préparation : 20 min • Cuisson : 15 min • Pour 4 personnes

500 g de petites pommes de terre nouvelles • 2 filets de saumon
3 c. à s. d'huile d'olive • 200 g de courgettes
1 petit oignon • 2 tomates • 1 coeur de laitue • sel, poivre

Pour la sauce : *10 cl de mayonnaise • 1 c. à s. de jus de citron*
3 c. à s. d'huile d'olive • 1 pincée de sucre
1 c. à s. de ciboulette ciselée

- Faites cuire les pommes de terre dans une casserole d'eau bouillante salée pendant 12 min, jusqu'à ce qu'elles soient tendres. Égouttez-les et laissez-les refroidir. Coupez-les en 2.

- Faites cuire les filets de saumon dans une poêle, avec la moitié de l'huile d'olive, pendant 5 min de chaque côté. Salez et poivrez. Réservez.

- Coupez les courgettes en tranches fines dans le sens de la longueur. Faites-les revenir dans une autre poêle, avec le reste de l'huile, pendant 8 min, jusqu'à ce qu'elles soient tendres. Salez et poivrez. Ôtez du feu et laissez refroidir.

- Pelez l'oignon et émincez-le. Coupez les tomates en quartiers et le cœur de laitue en petits morceaux.

- Mélangez les ingrédients de la sauce dans un bol.

- Disposez les légumes sur un plat. Déposez les filets de saumon détachés en gros morceaux dessus et nappez de la sauce. Servez frais.

Salade de riz

Remplacez les pommes de terre par 200 g de riz long et ajoutez des câpres, des cornichons, le jus d'1 citron, 1 oignon haché et du paprika. Arrosez d'huile d'olive.

Salade de courgettes au surimi

Remplacez le saumon fumé par 200 g de surimi et mélangez à la crème fraîche. Préférez l'aneth à la ciboulette.

Salade de courgettes aux radis et aux pignons

Mélangez 4 courgettes en ruban, des radis coupés en rondelles et des carottes râpées. Assaisonnez d'huile de noisette, de jus de citron, de baies roses, de sel et de poivre. Ajoutez des amandes effilées et des pignons grillés à sec.

Salade au fenouil

Mélangez les courgettes et 1 bulbe de fenouil émincé, 2 gousses d'ail, du romarin, 1 c. à s. de graines de fenouil, 3 c. à s. d'huile d'olive, 1 c. à s. de vinaigre balsamique et des copeaux de parmesan.

SALADE DE LÉGUMES AU SURIMI

Préparation : 15 min • Cuisson : 25 min • Pour 4 personnes

200 g de jeunes pommes de terre • 100 g de haricots verts • 3 petits œufs
2 oignons rouges • 50 g de basilic frais • 200 g de tomates cerises
400 g de haricots rouges en boîte, rincés et égouttés • 100 g de surimi
4 c. à s. d'huile d'olive • 1 c. à s. de vinaigre balsamique • sel, poivre

- Pelez les pommes de terre et faites-les cuire à l'eau bouillante salée pendant 10 min. Égouttez-les, laissez-les refroidir et tranchez-les.

- Faites cuire les haricots verts de 15 à 20 min à l'eau bouillante. Ils doivent être cuits, mais encore croquants. Égouttez-les, et coupez-les en 2 dans le sens de la longueur.

- Faites cuire les œufs pendant 10 min à l'eau bouillante. Passez-les sous l'eau froide. Écalez-les et coupez-les en 2.

- Pelez les oignons et émincez-les. Ciselez le basilic.

- Disposez tous les légumes dans un saladier.

- Ajoutez le surimi et les œufs, puis saupoudrez le tout de feuilles de basilic. Arrosez d'1 filet d'huile d'olive et d'1 filet de vinaigre, salez, poivrez.

Au saumon fumé

Ajoutez des chutes de saumon fumé.

À la sauce balsamique et au surimi

Faites épaissir 10 cl de sauce soja, 10 cl de vinaigre balsamique, 10 cl de caramel et 1 gousse d'ail en purée dans 10 g de beurre. Salez et poivrez. Mélangez 100 g de concombre râpé, 200 g de surimi, le jus d'1 citron et la sauce balsamique.

Au fromage blanc et au curry

Assaisonnez avec du fromage blanc parfumé avec 1 c. à c. de curry et 1 c. à s. de concentré de tomate.

Au maïs et au surimi

Mélangez 10 bâtons de surimi en petits tronçons, des dés de pomme verte et de tomates et 150 g de maïs rincé. Assaisonnez de mayonnaise. Parsemez de basilic ciselé.

SALADE DE MAQUEREAU FUMÉ

Préparation : 15 min • Cuisson : 10 min • Pour 4 personnes

800 g de jeunes pommes de terre • 1 petit oignon rouge
2 branches de basilic • 1 branche de menthe
3 brins d'aneth • 4 c. à s. d'huile d'olive
le jus d'1/2 citron • 1 c. à s. de moutarde en grains
2 filets de maquereau fumé • sel, poivre au moulin

- Pelez les pommes de terre et faites-les cuire à l'eau bouillante salée pendant 10 min.

- Pendant ce temps, pelez l'oignon et émincez-le. Ciselez les herbes. Fouettez ensemble l'huile d'olive, le jus de citron, la moutarde, le sel et le poivre dans un grand saladier. Ajoutez les herbes et l'oignon.

- Égouttez les pommes de terre et coupez-les en 2. Versez-les dans le saladier lorsqu'elles sont encore tièdes. Émiettez le maquereau fumé dessus. Salez et poivrez. Mélangez délicatement et servez immédiatement.

Aux endives

Mélangez 2 endives émincées, 2 œufs durs et 125 g de filets de maquereau coupés et 60 g de champignons de Paris citronnés. Assaisonnez d'huile d'olive, d'1 c. à s. de moutarde, de vinaigre de cidre et de ciboulette.

Aux pommes

Hachez 4 filets de maquereau et 1 oignon. Ajoutez 1 c. à s. de mayonnaise, 1 c. à s. de fromage blanc, le jus d'1 citron, du persil et du paprika. Servez avec des lamelles de pommes et arrosez de vinaigre de cidre.

Au radis noir et au chou blanc

Émincez 1/4 de chou blanc, 1 radis noir, 100 g de haricots verts et de la mélisse. Ajoutez 2 filets de maquereau coupés, du vinaigre balsamique, 1 filet d'huile d'olive.

Aux lentilles

Mélangez 300 g de lentilles vertes cuites avec 2 c. à s. de garam massala, 300 g de maquereau coupé. Ajoutez de l'huile d'olive, de la sauce soja et du vinaigre de xérès.

SALADE DE NOUILLES AUX CREVETTES

Préparation : 15 min • Cuisson : 10 min • Pour 4 personnes

1 kg de crevettes cuites entières • 4 nids de vermicelle de riz
1 poireau • 100 g de petits pois surgelés • 1 concombre
6 brins de persil plat

Pour la sauce : *3 c. à s. d'huile • le jus d'1/2 citron*
1 c. à c. de gingembre frais râpé • sel, poivre

- Décortiquez les crevettes sauf la partie de la carapace recouvrant la queue. Faites cuire le vermicelle pendant 3 min à l'eau bouillante. Égouttez-le. Coupez le poireau en très fines rondelles. Faites-le sauter à l'huile dans une poêle pendant 8 min. Faites cuire les petits pois pendant 12 min dans de l'eau bouillante salée. Égouttez-les.

- Coupez le concombre en tranches puis coupez-les en 2. Ciselez le persil en conservant 4 brins entiers pour le décor.

- Mélangez les nouilles cuites avec les petits pois, le poireau, le concombre et le persil.

- Fouettez les ingrédients de la sauce dans un bol et versez-les sur la salade. Incorporez délicatement les crevettes et servez la salade avec du pain croustillant.

Aux farfalle et aux crevettes

Mélangez des farfalle, des crevettes, des tomates cerises, de la roquette et du paprika. Ajoutez 3 c. à s. d'huile de noix et 1 c. à s. de vinaigre de xérès.

Aux haricots mungo

Couvrez 60 g de nouilles et 60 g de haricots mungo d'eau bouillante, laissez-les tremper 2 min. Égouttez. Mélangez à 2 oignons nouveaux et aux crevettes sautées. Ajoutez de la menthe, de la coriandre et du basilic hachés. Parsemez de cacahuètes.

À la sauce piment et au citron vert

Mélangez 4 c. à s. de jus de citron vert, 3 c. à s. de nuoc-mâm, 1 c. à s. de sucre, 1 c. à s. d'huile, 1 c. à c. de sauce d'huître, 1 piment rouge et le zeste d'1 citron vert hachés.

Aux pignons

Mélangez des nouilles, des crevettes, des tomates cerises, des pignons de pin, de la ciboulette ciselée, de l'huile d'olive, du vinaigre balsamique blanc, du sel et du poivre.

SALADE DE PÂTES AU BŒUF ET À LA BETTERAVE

Préparation : 20 min • Cuisson : 15 min • Pour 4 personnes

4 c. à s. de vinaigre balsamique
450 g de steak de bœuf extra-tendre coupé en tranches fines
2 betteraves cuites • 50 g de tomates cerises • 2 cl d'huile de tournesol
250 g de pâtes • 2 c. à s. de persil ciselé • sel et poivre

- Versez 3 c. à s. de vinaigre sur le steak et réservez.
- Pelez la betterave et coupez-la en dés. Coupez les tomates en 2.
- Pendant ce temps, faites chauffer l'huile dans une poêle et faites-y cuire les tranches de steak à feu vif pendant 2 min.
- Faites cuire les pâtes dans une casserole d'eau bouillante salée le temps indiqué sur le paquet. Égouttez-les et rincez-les à l'eau froide dans une passoire. Incorporez-y le steak et son jus de cuisson. Ajoutez la betterave, les tomates cerises et le persil. Assaisonnez et arrosez d'1 filet de vinaigre balsamique avant de servir.

Salade de betteraves à la feta et à l'alfalfa

Mélangez des dés de betteraves, des rondelles de concombre, 100 g de feta en dés, 1 c. à s. de câpres, 2 c. à s. de graines de luzerne germées (alfalfa), du basilic et assaisonnez avec une vinaigrette à la moutarde et au vinaigre balsamique.

Salade au steak et aux herbes fraîches

Mélangez la viande en lamelles à des pousses de trévise, de pourpier, de cresson et d'épinard. Ajoutez du cerfeuil, de la coriandre et de la menthe ciselés.

Vinaigrette au citron vert

Mélangez du jus de citron vert, 2 c. à s. de sauce nuoc-mâm, 1 pincée de piment en poudre, 1 pincée de sucre, 1 c à s. d'huile de tournesol et des graines de sésame grillées.

Betterave à la ricotta

Râpez les betteraves, assaisonnez d'huile de noisette, de fleur de sel, de cerfeuil ciselé, de graines de sésame grillées à sec et servez avec 1 c. à s. de ricotta.

SALADE DE RIZ BRUN ET SAUVAGE

Préparation : 10 min • Cuisson : 30 min • Pour 4 personnes

250 g de mélange de riz brun et sauvage aux pois cassés
6 oignons de printemps • 1/2 concombre • 1 poivron rouge
3 c. à s. de persil • 2 c. à s. de graines de tournesol

Pour la sauce : *1 c. à s. de sucre en poudre • 1 c. à s. de poudre de curry*
8 c. à s. d'huile d'olive • 2 c. à s. de vinaigre balsamique

- Faites cuire le mélange de riz-pois cassés à l'eau bouillante pendant 30 min à découvert.

- Pendant ce temps, pelez les oignons et émincez-les. Coupez le concombre en 2. Épépinez-le et tranchez-le finement. Épépinez le poivron et émincez-le. Ciselez le persil.

- Rincez le riz à l'eau froide et égouttez-le. Mettez-le dans un saladier. Ajoutez les oignons, le concombre, le poivron, le persil et les graines de tournesol.

- Fouettez tous les ingrédients de la sauce dans un bol. Au moment de servir, versez la sauce sur le riz et mélangez bien.

- Servez frais.

Salade de riz brun aux asperges

Ajoutez 250 g d'asperges blanchies et coupées en tronçons, 1 petit poivron rouge haché, des olives coupées et 1 c. à s. de zestes de citron râpé.

Salade de brocoli aux petits pois

Remplacez les asperges par des petits pois et du brocoli blanchi.

Salade de riz brun aux fruits tropicaux

Ajoutez au riz 1 oignon rouge haché, 2 kiwis et 1 mangue coupés en dés, 10 tomates cerises et de la coriandre ciselée. Assaisonnez d'huile d'olive mélangée à 2 c. à s. de jus de fruits tropicaux, le jus et le zeste d'1 lime, 1 c. à c. de sirop d'érable, 1/2 c. à c. de chili et des copeaux de noix de coco.

Vinaigrette à l'orange

Mélangez 20 cl de jus d'orange, le zeste et le jus d'1 citron, 10 cl de sauce soja, 2 c. à s. d'huile végétale, 2 gousses d'ail hachées, 2 c. à s. de xérès ou de vinaigre de riz et du sel. Versez sur le riz.

SALADE DE RIZ AUX CREVETTES

Préparation : 10 min • Cuisson : 15 min • Pour 4 personnes

300 g de riz thaï • 400 g de petits pois écossés
350 g de crevettes roses cuites et décortiquées • 1 c. à s. de curry
20 cl de lait de coco • le jus d'1/2 citron • sel, poivre

- Faites cuire le riz et les petits pois dans une grande casserole d'eau bouillante salée pendant 15 min. Rincez à l'eau froide. Égouttez et versez-les dans un saladier.
- Ajoutez les crevettes, le curry, le lait de coco et le jus de citron. Salez et poivrez.
- Réservez au frais jusqu'au moment de servir.

À la citronnelle

Faites mariner les crevettes dans 1 c. à s. de citronnelle et 1 piment rouge émincés. Ajoutez au riz 1 c. à c. de curry, 1 kaki et 1 mangue coupés en dés et arrosés de jus de citron vert et d'huile d'olive. Parsemez de menthe ciselée.

À la mayonnaise

Faites cuire 2 verres de riz dans du jus de tomates. Ajoutez 2 tomates coupées en dés, 450 g de crevettes, 2 échalotes hachées, 1 gousse d'ail écrasée, du sel, du poivre, du persil ciselé et de la mayonnaise.

Aux poivrons

Faites sauter 500 g de crevettes décortiquées et marinées dans de l'huile d'olive et du paprika avec de l'ail et 1 oignon rouge émincés. Mélangez avec des lamelles de poivron jaune, du riz sauvage et des dés de tomates. Ajoutez de l'huile, du citron, du basilic, du sel et du poivre.

Au thon ou au crabe

Ajoutez des miettes de thon au naturel ou de crabe.

TOFU À LA SAUCE SOJA

Préparation : 10 min • Cuisson : 10 min • Pour 4 personnes

1 petit concombre • 200 g de tofu • 100 g de champignons de Paris
4 oignons de printemps • 2 petits poireaux • 4 gousses d'ail
1 morceau de gingembre de 5 cm • 45 cl de bouillon de poulet
18 cl de sauce soja • 1 c. à s. de graines de sésame
feuilles de coriandre fraîche • 4 cl d'huile de sésame

- Coupez le concombre en tranches fines. Coupez le tofu en tranches. Nettoyez les champignons et coupez-les en 2. Pelez et émincez les oignons. Émincez les poireaux. Pelez l'ail et le gingembre et écrasez-les.

- Placez le concombre, le tofu, le bouillon, les champignons, les oignons de printemps, les poireaux, le gingembre et l'ail dans une casserole et laissez mijoter pendant 10 min à feu doux. Laissez refroidir.

- Ajoutez la sauce soja puis versez-la dans des bols individuels et parsemez de graines de sésame et de feuilles de coriandre. Arrosez d'1 filet d'huile de sésame.

Légumes croquants au tofu

Mélangez du brocoli, des haricots plats, des carottes, du céleri et des champignons blanchis, des germes de soja, du tofu, des petits oignons, de l'huile d'olive, le jus d'1 citron, 3 c. à s. de sauce soja, du miel, du gingembre râpé et des cacahuètes.

Soja frais et surimi

Faites blanchir 1 min 750 g de soja frais. Ajoutez des dés de concombre, 1 oignon rouge émincé, des carrés de tofu, des rondelles de surimi, des raisins secs, 1 c. à s. de vinaigre balsamique et 3 c. à s. d'huile d'olive.

Lentilles et tofu

Faites cuire 200 g de lentilles avec 1 oignon. Ajoutez des cubes de tofu, 2 c. à s. d'huile de colza, 3 c. à s. de vinaigre balsamique et 4 c. à s. de sauce soja.

Au riz et aux courgettes

Mélangez du riz cuit, des dés de tofu fumé, des rondelles de radis et des dés de courgette. Ajoutez de l'huile de noix, du vinaigre de cidre et du sel.

TOMATES-OLIVETTES AU BASILIC

Préparation : 20 min • Cuisson : 1 min • Pour 6 personnes

1 kg de mini-olivettes • 1 bouquet de basilic • 1 bouquet de coriandre
1/2 bouquet d'aneth • 100 g de fromage blanc • 20 cl de crème fraîche
1 c. à s. de sucre en poudre • 1 c. à s. de vinaigre de vin blanc
1 c. à s. de sauce Savora®

- Faites pocher les mini-olivettes pendant 1 min dans de l'eau bouillante et pelez-les. Réservez au frais.
- Réservez quelques feuilles de basilic pour le décor. Ciselez le reste ainsi que la coriandre et l'aneth.
- Fouettez le fromage blanc avec la crème fraîche dans un bol. Ajoutez le sucre, le vinaigre, la sauce Savora® et les herbes ciselées. Salez et poivrez.
- Mettez les tomates dans un plat et nappez de la sauce aux herbes. Décorez avec des feuilles de basilic.

Tomates et poivrons

Mélangez de la salade, 1 blanc de poireau ciselé, des tomates, du concombre, 1 poivron rouge émincé, des cubes de feta, des olives, de l'origan, du sel, du poivre. Arrosez de jus de citron et d'huile d'olive.

Aux herbes

Ajoutez aux tomates 5 c. à s. de crème, de la ciboulette, du persil et de l'estragon hachés, du sel et du poivre.

Tomates à l'aïade

Hachez 4 gousses d'ail. Ajoutez 1 jaune d'œuf, de l'huile et montez en mayonnaise. Mélangez à 100 g de thon mixé avec 100 g d'amandes en poudre et 2 jaunes d'œufs durs. Servez avec les tomates.

Tomates et artichauts

Ajoutez aux tomates des cœurs d'artichauts, de la roquette, des câpres et du basilic. Assaisonnez d'huile d'olive et de vinaigre balsamique.

TOMATES VERTES ET PICCALILLI

Préparation : 30 min • Cuisson : 20 min • Pour 4 personnes

4 tomates vertes • 2 tomates mûres • 200 g de tomates cerises jaunes
3 c. à s. d'huile d'olive • 4 c. à s. de tapenade d'olives noires
8 tranches de fromage de chèvre
2 tranches de pain de campagne • sel, poivre

Pour le piccalilli : *35 cl de vinaigre balsamique*
10 cl de vinaigre de malte • 2 piments rouges • 10 petits oignons
250 g de chou-fleur • 2 gros cornichons • 175 g de sucre en poudre
25 g de poudre de moutarde anglaise • 10 g de curcuma
2 c. à s. de Maïzena®

- Coupez toutes les tomates en tranches et mettez-les dans un saladier. Ajoutez l'huile d'olive, salez et poivrez.

- Portez à ébullition les 2 vinaigres avec le piment émincé, couvrir, puis laissez refroidir.

- Pendant ce temps, faites blanchir les oignons dans de l'eau bouillante salée pendant 3 min, puis passez-les sous l'eau froide. Détachez le chou-fleur en bouquets. Tranchez les cornichons.

- Mélangez le sucre, la poudre de moutarde, le curcuma et la Maïzena® dans un saladier. Ajoutez un peu de vinaigre refroidi et mélangez. Portez le reste du vinaigre à ébullition, puis incorporez le mélange à la moutarde, le chou-fleur, les cornichons et les oignons. Faites cuire pendant 15 min à feu doux en remuant souvent. Assaisonnez, puis laissez refroidir. Réservez au frais.

- Répartissez dans 4 assiettes et surmontez d'1 c. à s. de tapenade. Mettez 2 tranches de fromage de chèvre sur 1/2 tranche de pain et déposez dans chaque assiette avec le piccalilli.

À la mozzarella

Servez des rondelles de tomates rouges et vertes avec des tranches de mozzarella. Ajoutez des olives noires, de l'huile d'olive, du sel et du basilic.

À l'avocat

Ajoutez des cubes d'avocat, des filets d'anchois à l'huile et de l'origan.

Aux anchois marinés

Faites mariner 12 anchois frais dans le jus de 3 citrons et 3 c. à s. de vinaigre blanc. Servez avec des rondelles de tomates vertes blanchies arrosées d'huile d'olive, 1 c. à s. de vinaigre de miel, 1 pincée de piment d'Espelette et de la ciboulette ciselée.

Au piccalilli à la cannelle

Faites chauffer 1 l de vinaigre blanc, 6 clous de girofle, 1 bâton de cannelle, 2 gousses d'ail, 5 grains de poivre, 1 petit piment rouge, du thym, 2 feuilles de laurier, de la moutarde et 1 branche d'estragon.

SOUPE AUX LÉGUMES

Préparation : 10 min • Cuisson : 20 min • Pour 4 personnes

1 poireau • 3 carottes • 3 courgettes • 200 g haricots verts
3 navets violets • 2 branches de céleri • 1/2 poivron rouge • 1 gousse d'ail
1 c. à s. d'huile d'olive • 1 l de bouillon de légumes
1 bouquet de persil • sel, poivre du moulin

- Pelez tous les légumes et coupez-les en tranches fines. Coupez les haricots verts en 3. Pelez la gousse d'ail.
- Faites chauffer l'huile dans une cocotte. Versez-y tous les légumes et faites-les légèrement suer pendant 2 min.
- Ajoutez le bouillon et le persil. Portez à ébullition.
- Couvrez, baissez le feu et laissez cuire pendant 20 min.
- Rectifiez l'assaisonnement. Servez chaud.

Aux poivrons

Faites cuire 4 pommes de terre et 4 carottes dans 1,5 l d'eau salée, ajoutez 1 oignon rouge, 1 poivron rouge et 1 poivron vert émincés et revenus avec de l'huile d'olive. Mixez.

Au potiron

Faites cuire 2 pommes de terre, 1 carotte et 1 potiron dans 1 l d'eau salée. Mixez, poivrez, ajoutez de la crème fraîche et des copeaux de mimolette.

Au chou

Plongez 1 petit chou frisé et 1 pied de brocoli détaillés, 10 choux de Bruxelles et 1 oignon dans 1 l d'eau bouillante, ajoutez 1 cube de bouillon. Mixez et versez 20 cl de crème.

Aux orties

Faites revenir 1 oignon émincé dans l'huile d'olive, ajoutez 500 g d'orties, 1 gousse d'ail, 3 pommes de terre et 3 carottes en rondelles, du sel et du poivre. Ajoutez 1 l d'eau. Cuire 20 min et mixez.

SOUPE DE MOULES À LA TOMATE

Préparation : 15 min • Cuisson : 20 min • Pour 4 personnes

800 g de tomates cerises romaines • 2 gousses d'ail
1 bouquet de persil plat • 4 c. à s. d'huile d'olive • 6 filets d'anchois
4 c. à s. de câpres • 1 petit piment rouge émincé
2,5 l de moules dans leurs coquilles • 1/2 bouteille de vin blanc sec
pain de campagne croustillant • sel, poivre

- Coupez les tomates en 2 et passez-les rapidement au mixeur, juste pour les concasser. Pelez l'ail et émincez-le. Ciselez le persil en réservant quelques feuilles pour le décor.

- Faites chauffer l'huile d'olive dans une cocotte et faites revenir l'ail jusqu'à ce qu'il soit bien doré. Ajoutez les filets d'anchois et réduisez le tout en purée. Ajoutez les câpres, le piment, les tomates et le persil. Mélangez et laissez cuire à feu doux pendant 10 min.

- Pendant ce temps, mettez les moules et le vin blanc dans une grande casserole. Assaisonnez. Placez un couvercle sur la casserole et laissez cuire les moules à l'étouffée pendant 10 min environ, jusqu'à ce qu'elles s'ouvrent. Débarrassez-les de leurs coquilles et versez-les dans la cocotte.

- Saupoudrez de persil et accompagnez de tranches de pain de campagne.

Soupe safranée

Ajoutez 1 pincée de safran et de la coriandre ciselée à la cuisson des moules.

À la marocaine

Ajoutez à la cuisson 1 c. à c. de cumin, 1 c. à s de paprika, 1 c. à s. de graines de coriandre et de la coriandre fraîche.

Au curry

Faites revenir 3 gousses d'ail et 2 échalotes hachées à l'huile d'olive. Ajoutez la pulpe de tomate, 2 c. à s. de curry, versez 75 cl de fumet de poisson et laissez cuire 10 min. Salez, poivrez et mixez. Ajoutez 15 cl de crème fleurette et les moules cuites.

Aux lentilles

Faites cuire 200 g de lentilles blondes avec 1 carotte et 1 oignon. Faites cuire les moules avec 2 échalotes et 2 gousses d'ail hachées revenues au beurre puis ajoutez 3 verres de vin blanc. Mixez les lentilles avec le jus de cuisson des moules, 1 c. à s. de crème et servez avec les moules décoquillées et du persil ciselé.

SOUPE GLACÉE DE PETITS POIS À LA MENTHE

Préparation : 10 min • Cuisson : 15 min • Pour 4 personnes

1 cube de bouillon de volaille • 500 g de petits pois écossés
12 belles feuilles de menthe

- Portez une grande casserole d'eau à ébullition avec le cube de bouillon. Ajoutez les petits pois et faites-les cuire pendant 15 min.
- Égouttez les petits pois en réservant l'eau de cuisson.
- Mixez-les finement avec les feuilles de menthe dans un blender et ajoutez un peu de jus de cuisson pour avoir la consistance souhaitée.
- Laissez refroidir et réservez au frais jusqu'au moment de servir.

Soupe crémeuse

Ajoutez 2 échalotes et 1 c. à c. de sucre à la cuisson. Une fois mixée, ajoutez 20 cl de crème et de la menthe ciselée. Poivrez.

Au concombre et à la menthe

Mixez 1 concombre non pelé, 2 tomates, 1 branche de céleri effilée, 1 gousse d'ail, de la menthe, 25 cl de lait entier, du sel et du poivre.

Aux amandes et à la ricotta

Ajoutez à la cuisson des petits pois 50 g d'amandes effilées grillées à sec pour décorer. Servez avec 1 c. à s. de ricotta ou de fromage de chèvre.

Aux noisettes

Ajoutez aux petits pois cuits et mixés 10 cl d'huile de noisettes, du poivre, du tabasco, 5 cl de crème. Servez avec de la menthe ciselée, des éclats de noisettes torréfiés et des pousses de petits pois.

SUPRÊME DE CHAMPIGNONS

Préparation : 15 min • Cuisson : 40 min • Pour 4 personnes

70 g de bolets séchés • 1 gousse d'ail • 1 oignon • 1 petit poireau
2 c. à s. d'huile d'olive • 1 branche de thym • 12,5 cl de vin blanc
25 cl de bouillon de poulet • quelques gouttes de jus de citron
12,5 cl de crème • sel, poivre

Pour servir : *150 g de bolets frais • 2 c. à s. d'huile d'olive*
18 cl de vin blanc • sel, poivre

- Mettez les bolets séchés dans un saladier et couvrez d'1 l d'eau bouillante. Laissez tremper pendant 30 min.

- Pendant ce temps, pelez l'ail et l'oignon puis émincez-les. Coupez le poireau en rondelles. Faites chauffer 1 c. à s. d'huile d'olive dans une casserole et faites-y suer l'ail, l'oignon et le poireau pendant 10 min à feu doux. Ajoutez les bolets essorés et émincés puis réservez l'eau de réhydratation. Ajoutez le thym et le vin blanc et laissez mijoter jusqu'à ce que le vin soit évaporé.

- Passez l'eau de réhydratation des champignons au chinois et versez-la dans la casserole. Ajoutez le bouillon de poulet, portez à ébullition et laissez mijoter pendant 10 min à feu doux.

- Ôter l'ail et le thym. Passez le suprême au moulin à légumes, puis passez-le au chinois. Assaisonnez de jus de citron, de sel et de poivre. Incorporez la crème et réservez au chaud.

- Nettoyez les bolets frais et émincez-les en fines tranches. Faites-les revenir dans le reste d'huile d'olive pendant 3 min. Ajoutez le vin, du sel, du poivre et laissez mijoter à feu doux pendant 15 min.

- Versez la soupe dans des bols ou des minicocottes et ajoutez les bolets. Servez immédiatement.

Au jambon

Faites revenir l'oignon, ajoutez 750 g de champignons de Paris en lamelles, 25 cl de bouillon, 10 cl de crème. Mixez, poivrez. Parsemez de jambon blanc haché.

Velouté mousseux

Faites revenir au beurre 2 échalotes et 400 g de cèpes. Saupoudrez d'1 c. à s. de farine, versez 1 l de bouillon. Après 35 min de cuisson, ajoutez 20 cl de crème, 30 cl de lait chaud fouetté avec 2 c. à s. de lait en poudre et mixez.

Au maïs et aux champignons

Faites dorer 1 échalote, 120 g de champignons de Paris et 140 g de maïs. Salez et poivrez. Couvrez d'eau, faites cuire 10 min. Ajoutez 5 cl de crème et mixez. Parsemez de coriandre.

Aux tuiles de gruyère

Enfournez à 200 °C du gruyère râpé étalé sur une plaque. Servez ces tuiles avec le suprême.

TABOULÉ PARFUMÉ AUX HERBES

Préparation : 15 min • Cuisson : 5 min • Pour 4 personnes

350 g de semoule moyenne pour couscous
1 cube de bouillon de volaille • 3 c. à s. d'huile d'olive
3 tomates bien mûres • 10 cornichons • 1 c. à s. d'estragon
1 c. à s. de coriandre • poivre

- Versez la semoule dans un grand saladier.
- Portez 40 cl d'eau à ébullition avec le cube de bouillon. Versez-la sur la semoule, remuez avec une fourchette puis couvrez avec une assiette et laissez reposer 10 min.
- Ajoutez l'huile d'olive et détachez les grains avec une fourchette.
- Coupez les tomates en petits dés, les cornichons en rondelles et ajoutez-les à la préparation. Ciselez l'estragon et la coriandre et incorporez-les. Poivrez et mélangez bien.
- Servez frais avec des brochettes de viande par exemple.

Au bœuf

Versez 30 cl de bouillon chaud sur la semoule. Laissez refroidir. Ajoutez 1 oignon, des tomates séchées, des abricots secs émincés, des lamelles de filets de bœuf revenu, 1 c. à s. de pignons, de la coriandre ciselée.

Boulgour et roquette

Remplacez la semoule par du boulgour. Ajoutez des feuilles de roquette, des tomates en dés, 1 oignon émincé, le jus d'1 citron, 1 c. à s. de menthe et de basilic ciselés.

Au sarrasin et au citron confit

Mélangez des graines de sarrasin, des dés de tomates, du persil plat, de la coriandre, 1 citron confit coupé en dés, 1 c. à s. de pignons. Arrosez d'huile d'olive.

Taboulé exotique

Ajoutez à la semoule des dés d'avocat, d'ananas et de mangue, des raisins secs, 1 c. à s. de menthe, 1 c. à s. de coriandre, le jus d'1 citron vert, 1 c. à s. d'eau de fleur d'oranger, 1 c. à s. d'huile de colza et de vinaigre de framboise.

TARTARE DE CABILLAUD AU CONCOMBRE

Préparation : 10 min • Cuisson : aucune • Pour 2 personnes

120 g de cabillaud extra-frais • 1 morceau de concombre de 8 cm
2 c. à s. d'huile d'olive • le jus d'1 citron vert
1 c. à c. de sumac ou de coriandre en poudre • sel, poivre

- Émincez finement le cabillaud en petits dés.
- Coupez le concombre en petits cubes.
- Mettez le cabillaud et le concombre dans un saladier. Arrosez d'huile d'olive et de jus de citron, ajoutez le sumac ou la coriandre, salez, poivrez et mélangez. Réservez au frais pendant 1 h avant de servir.

À la mousse de chèvre

Montez 30 cl de crème liquide en chantilly, ajoutez 150 g de fromage de chèvre frais écrasé. Dressez le tartare de cabillaud et de concombre, couvrez de mousse de chèvre et parsemez de baies roses.

Au fenouil et au citron vert

Arrosez les dés de cabillaud de jus de citron vert et d'huile de noix. Ajoutez 1 c. à c. d'aneth haché, le zeste d'1 citron et 1 bulbe de fenouil émincé. Salez et poivrez.

Au saumon et au concombre

Mélangez des dés de saumon et de concombre et 1 échalote hachée. Servez avec du fromage frais assaisonné de persil, d'aneth, de vinaigre de xérès et d'huile d'olive. Salez et poivrez.

Au cabillaud et aux câpres

Mélangez le cabillaud, 1 oignon rouge haché, des dés de concombre, 1 c. à s. de câpres, le jus d'1 citron et celui d'1 orange, 1 trait de Tabasco, 1 filet d'huile de sésame et des graines de sésame grillées.

TARTE AUX TOMATES CERISES ET AU BACON

Préparation : 20 min • Cuisson : 45 min • Pour 6 personnes

1 poivron vert • 100 g de tranches fines de bacon • 4 œufs
5 cl de crème liquide • 15 cl de lait • 6 brins de thym
1 pâte brisée à dérouler • 250 g de tomates cerises • sel, poivre

- Préchauffez le four à 180 °C.
- Épépinez le poivron et coupez-le en fines lamelles. Coupez le bacon en lanières.
- Fouettez les œufs avec la crème, le lait, du sel et du poivre dans un saladier. Ajoutez le thym.
- Déroulez la pâte sur son papier sulfurisé et tapissez-en un moule à tarte. Parsemez de bacon, du poivrons et des tomates.
- Recouvrez de la préparation aux œufs. Faites cuire au four pendant 45 min.

Aux tomates, au bacon et à la mozzarella

Ajoutez des rondelles de mozzarella et parsemez 1 c. à s. d'origan et du basilic.

Aux tomates, au bacon et au gouda

Mettez 6 tranches de bacon sur la pâte, ajoutez 4 tranches de gouda, puis les rondelles de tomates. Saupoudrez d'herbes de Provence. Enfournez.

Aux tomates et au cheddar

Ajoutez sur les tomates 60 g de cheddar coupé en lamelles et 1 pincée de piment d'Espelette.

Au bacon, au poulet et aux champignons

Ajoutez au bacon des filets de poulet revenus à l'huile d'olive et émincés. Éparpillez 300 g de champignons de Paris.

TARTE TATIN AUX TOMATES

Préparation : 30 min • Cuisson : 40 min • Pour 6 personnes

1 kg de tomates • 15 cl d'huile d'olive • 6 gousses d'ail
1 feuille de laurier • 5 branches de romarin
300 g de sucre en poudre • 1 pâte sablée à dérouler • sel

- Préchauffez le four à 180 °C.

- Lavez et coupez les tomates en deux, épépinez-les et posez-les dans un plat à four préalablement huilé, côté peau.

- Pelez et écrasez l'ail, mélangez-le avec 10 cl d'huile et salez. Recouvrez-en les tomates. Mettez la feuille de laurier dessus et parsemez de romarin. Enfournez et faites cuire pendant 20 min.

- Retirez les aromates, enlevez la peau des tomates et laissez égoutter dans une passoire pendant 1 h.

- Versez 5 cl d'huile d'olive dans un moule à tarte, ajoutez le sucre et enfournez pour quelques minutes. Laissez colorer en caramel.

- Déposez les 1/2 tomates dessus, côté chair sur le fond. Couvrez-les de pâte, rentrez les bords. Enfournez et laissez cuire pendant 20 min. À la sortie du four, retounez la tarte tatin et servez chaud.

Au chèvre

Disposez des rondelles de crottins de Chavignol sec sur le caramel, déposez les tomates et des oignons nouveaux et parsemez d'origan.

À la tapenade

Faites dorer dans du beurre 2 échalotes hachées, ajoutez 2 c. à s. de sucre roux, 1 c. à s. de vinaigre balsamique. Faites caraméliser et ajoutez les quartiers de tomates, laissez cuire 15 min. Disposez sur des herbes de Provence, badigeonnez de tapenade, posez la pâte, cuisez 20 min au four.

Aux tomates et aux poivrons

Ajoutez aux tomates des poivrons rouges confits au four.

Au caramel et au gingembre

Versez le jus des tomates ou du bouillon, ajoutez du vinaigre de vin, du miel, de la sauce soja et 1 morceau de gingembre râpé. Faites caraméliser. Versez au fond du moule et déposez les tomates confites, la pâte, badigeonnez de wasabi.

Au thon et à la carotte

Mélangez 1 boîte de thon au naturel, 4 carottes cuites, 1 c. à c. de cumin, 1 gousse d'ail pressée, de l'huile d'olive et du sel.

Aux lentilles, à la carotte et à la cacahuète

Faites cuire 1 verre de lentilles corail avec 1 feuille de laurier et 1 carotte en rondelles. Mixez, ajoutez 2 c. à s. de purée de cacahuètes. Laissez refroidir.

Au fromage frais et à la carotte

Découpez des carottes en brunoise, faites-les revenir 10 min à l'huile d'olive, ajoutez 1 gousse d'ail pressée, du persil, de la ciboulette. Ajoutez du chèvre frais en faisselle et 1 poignée de graines germées.

À la carotte et aux radis

Mixez 100 g de tofu, 2 carottes, 10 radis forts, 8 feuilles de basilic, 2 oignons nouveaux, le jus d'1/4 de citron, 3 cl d'huile d'olive et 1 c. à s. de graines de moutarde.

TARTINADE DE CAROTTES AU CUMIN

Préparation : 15 min • Cuisson : 25 min • Pour 4 personnes

300 g de carottes • le jus d'1/2 citron • 1/2 c. à c. de cumin
2 c. à c. de graines de moutarde • sel, poivre

- Pelez les carottes et faites-les cuire dans une casserole d'eau bouillante salée pendant 25 min, jusqu'à ce qu'elles soient tendres.

- Écrasez-les au presse-purée ou à la fourchette. Ajoutez le jus de citron, le cumin et les graines de moutarde. Salez et poivrez.

- Servez avec des toasts de pain grillé ou des blinis.

TOASTS AU TARTARE DE BOEUF

Préparation : 20 min • Cuisson : aucune • Pour 6 personnes

2 échalotes • 2 c. à s. de câpres • 4 brins de persil • 4 brins de ciboulette
400 g de bœuf haché • 1 c. à c. de moutarde forte
2 c. à s. de sauce Worcestershire • 1/2 c. à c. de tabasco • 1 radis noir
1 concombre • 30 g de parmesan râpé • sel, poivre

- Pelez et hachez les échalotes. Égouttez et hachez les câpres. Lavez et ciselez les herbes.

- Mélangez tous ces ingrédients dans un saladier. Ajoutez le bœuf, la moutarde, la sauce Worcestershire et quelques gouttes de tabasco selon votre goût. Salez et poivrez généreusement. Mélangez.

- Pelez le radis noir et coupez-le en fines tranches. Coupez-le concombre en lamelles. Découpez-les en carrés et dressez les lamelles de concombre sur les tranches de radis dans un plat.

- Façonnez de petites boules de tartare, et placez-les sur les tranches de concombre. Parsemez de parmesan râpé et servez frais.

Sur toasts briochés

Servez la viande sur des toasts briochés et remplacez les câpres par 40 g de cornichons hachés.

Au foie gras

Ajoutez 1 c. à s. de rhum aux échalotes hachées avec les câpres. Mélangez à la viande, déposez sur des toasts grillés, ajoutez des copeaux de foie gras, de la ciboulette et 1 trait de vinaigre balsamique.

Tartare de crevettes

Mixez 300 g de crevettes roses décortiquées, 1 gousse d'ail, 2 c. à s. de crème, 1 zeste de citron et de l'aneth ciselé. Tartinez des toasts grillés.

Tartare de saumon

Mélangez des dés de saumon cru avec le jus d'1 citron vert, 1 c. à s. de sauce soja, 2 c. à s. d'huile d'olive, 2 c. à s. de gingembre râpé, 1 échalote hachée, de l'aneth et de la ciboulette hachés, et des baies roses. Servez sur des blinis.

Carottes au cumin

Ajoutez à la cuisson 1 pomme de terre, 1/2 c. à c. de curry et 1/2 c. à c. de cumin. Mixez et ajoutez 20 cl de crème liquide.

Carottes au lait de coco

Râpez 6 carottes, ajoutez 1 jus d'orange et 20 cl de lait de coco, couvrez d'eau, salez et poivrez, cuire 15 min. Mixez.

Carottes au potiron et à l'oignon

Faites cuire le potiron, 1 pomme de terre, 1 oignon émincé et 4 carottes coupées revenus à l'huile d'olive dans 15 cl d'eau et 1 cube de bouillon de volaille. Mixez et servez avec du comté râpé.

Carotte à l'anis

Faites suer les carottes à l'huile d'olive. Ajoutez 50 cl de bouillon, 50 cl de crème. Portez à ébullition. Ajoutez 6 étoiles d'anis, couvrez. En fin de cuisson, retirez l'anis, mixez. Servez avec de la menthe ciselée et 1 c. à s. de crème fouettée.

VELOUTÉ DE CAROTTE

Préparation : 15 min • Cuisson : 15 min • Pour 2 personnes

500 g de carottes • 1 c. à s. de beurre • 1 oignon émincé
2 brins de cerfeuil • sel, poivre

- Pelez les carottes et coupez-les en rondelles.
- Faites fondre le beurre dans une casserole sur feu moyen. Faites-y revenir l'oignon jusqu'à ce qu'il soit transparent. Ajoutez les carottes et faites-les revenir rapidement jusqu'à ce qu'elles soient bien enrobées de beurre. Ajoutez 60 cl d'eau et portez à ébullition.
- Baissez le feu et laissez mijoter pendant 15 min, jusqu'à ce que les carottes soient tendres.
- Passez au moulin à légumes, assaisonnez et servez décoré de cerfeuil.

Soupe aux choux

Délayez 50 g de farine dans 40 g de beurre fondu et 1 l de bouillon de volaille, ajoutez 500 g de choux de Bruxelles blanchis. Mixez, ajoutez de la noix muscade, du sel, du poivre et des lardons rissolés.

Fèves au cumin

Faites cuire 500 g de fèves dans 50 cl de bouillon, ajoutez des feuilles de laitue. Mixez, ajoutez 1/2 c. à c. de cumin, du paprika et des tranches de chorizo grillées à sec.

Fèves à la sarriette

Faites suer 12 petits oignons et 1 cœur de laitue coupé dans 50 g de beurre. Ajoutez 500 g de fèves, de la sarriette, du sel, du poivre et 10 cl d'eau. Ôtez la sarriette, mixez et ajoutez 2 c. à s. de crème.

Choux à la coriandre

Faites blondir les choux dans du beurre. Versez 3 c. à s. de vin blanc, 1 c. à s. de graines de coriandre, 50 cl de bouillon, du sel et du poivre. Mixezet parsemez de coriandre ciselée.

VERRINES DE FÈVES ET CHOUX DE BRUXELLES, BROCHETTES DE POULET ÉPICÉ

Préparation : 15 min • Cuisson : 20 min • Pour 4 personnes

250 g de choux de Bruxelles • 50 cl de bouillon de volaille
150 g de fèves 1/2 oignon • 250 g de blancs de poulet
1 gousse d'ail • 1 c. à s. d'huile • 1 c. à s. de sauce soja
1 pincée de curcuma • poivre du moulin

- Lavez les choux de Bruxelles et enlevez les premières feuilles si elles sont abîmées. Plongez-les dans le bouillon chaud avec les fèves et l'oignon, faites cuire pendant 20 min.

- Pendant ce temps, coupez le poulet en cubes. Pelez et hachez la gousse d'ail. Faites-les dorer dans une poêle avec un peu d'huile, ajoutez la sauce soja et le curcuma.

- Récupérez les légumes avec une écumoire et mixez-les jusqu'à avoir une préparation onctueuse. Détendez avec de l'eau de cuisson.

- Répartissez le velouté dans des verrines et poivrez. Disposez les cubes de poulet sur des brochettes et servez immédiatement. Si vous n'avez pas de brochettes, parsemez le velouté de cubes de poulet.

PLATS ET ACCOMPAGNEMENTS

AIGUILLETTES DE POULET À LA CRÈME ET AUX CHAMPIGNONS

Préparation : 20 min • Cuisson : 24 min • Pour 4 personnes

1 oignon • 200 g de champignons de Paris • 2 poivrons verts
4 brins de persil • 250 g de petits pois surgelés
4 escalopes de poulet • 20 cl d'huile d'olive • 1 c. à s. de Maïzena®
3 c. à s. de lait • 1 c. à s. de persil ciselé • sel, poivre

- Pelez l'oignon et émincez-le. Coupez les champignons en lamelles. Épépinez les poivrons et coupez-les en lanières. Ciselez le persil. Réservez.

- Faites cuire les petits pois dans une casserole d'eau bouillante salée pendant 10 min. Égouttez-les et réservez.

- Détaillez le poulet en lamelles. Faites-les sauter dans une poêle avec la moitié de l'huile pendant 3 min, jusqu'à ce que la viande soit dorée, et cuite à l'intérieur. Ôtez de la poêle et réservez.

- Versez le reste d'huile dans la poêle et faites-y dorer l'oignon pendant 3 min, jusqu'à ce qu'il soit fondant. Ajoutez les champignons et les poivrons. Salez et poivrez et laissez cuire pendant 8 min en remuant. Incorporez la Maïzena® délayée dans le lait et laissez épaissir pendant 3 min.

- Ajoutez le poulet et les petits pois et réchauffez à feu doux pendant 5 min. Servez avec du riz complet et parsemez de persil.

Au champagne et au foie gras

Faites dorer les suprêmes de poulet, ajoutez 10 cl de champagne, 10 cl de fond de volaille, du gingembre frais haché et 5 cl de crème. Laissez réduire. Ajoutez 40 g de foie gras cru et 1 c. à s. de jus de citron.

Aux agrumes

Faites dorer les suprêmes de poulet. Ajoutez les quartiers d'1 orange et de 2 clémentines. Servez avec 15 cl de crème liquide fouettée avec 1 jus de citron, sel, poivre. Parsemez de zestes d'orange.

À la moutarde

Faites revenir 1 oignon, ajoutez 125 g de lardons, les blancs de poulet. Une fois dorés, ajoutez 1 c. à s. de sauce soja, 1 c. à c. de moutarde et 25 cl de crème.

Aux herbes

Faites dorer 1 gousse d'ail et 3 échalotes hachées, les blancs de poulet. Ajoutez du romarin, de la sauge, du thym frais, 15 cl de vin blanc, du sel et du poivre. Laissez réduire.

BLANQUETTE DE VEAU

Préparation : 15 min • Cuisson : 1 h 45 • Pour 4 personnes

1 kg de veau : épaule, flanchet ou tendron • 20 g de beurre
2 c. à s. de farine • 1 cube de bouillon de poulet
1 cube de bouillon de légumes • 25 cl de vin blanc • 3 carottes
1 gros oignon • 1 petite boîte de champignons de Paris émincés
15 cl de crème fraîche • 1 jaune d'œuf • le jus d'1 citron
1 c. à c. de graines de carvi

- Faites revenir la viande au beurre dans une cocotte jusqu'à ce que les morceaux soient dorés. Saupoudrez de farine et remuez. Ajoutez 2 verres d'eau et mélangez.

- Ajoutez les 2 cubes de bouillon, le vin et couvrez d'eau.

- Pelez les carottes et coupez-les en rondelles. Pelez et émincez l'oignon. Égouttez les champignons. Ajoutez les carottes, l'oignon et les champignons dans la cocotte.

- Laissez mijoter à feu très doux, à couvert, pendant 1 h 30 en remuant de temps en temps. Si nécessaire, ajoutez de l'eau en cours de cuisson.

- Mélangez la crème fraîche, le jaune d'œuf et le jus de citron dans un bol. Ajoutez ce mélange dans la cocotte au dernier moment, remuez et servez sans attendre avec du riz blanc ou des pommes de terre cuites à l'eau. Proposez des graines de carvi à parsemer.

Aux poireaux

Ajoutez en même temps que les rondelles de carottes 2 poireaux taillés en petits morceaux et 1 pincée de noix muscade râpée.

Aux asperges

Remplacez les champignons par des asperges et ajoutez de l'estragon. Servez avec du riz pilaf.

Blanquette de dinde

Remplacez par des morceaux de dinde et ajoutez 200 g de petits pois.

Blanquette de poisson

Ajoutez à 2 échalotes revenues des morceaux de lotte ou de cabillaud farinés et sautés dans l'huile, ajoutez du fumet de poisson, du vin blanc, 4 carottes, 1 poireau et des champignons et ajoutez des moules cuites au vin et décortiquées.

BŒUF BOURGUIGNON

Préparation : 30 min • Cuisson : 3 h • Pour 6 personnes

1 kg de boeuf à braiser : collier, jumeau, macreuse • 2 oignons • 3 carottes
1 gousse d'ail • 3 c. à s. d'huile • 2 c. à s. de farine • 30 cl de vin rouge
1 bouquet garni (thym, laurier) • 100 g de lardons
250 g de champignons de Paris • sel, poivre

- Coupez la viande en cubes de 5 cm de côté. Pelez les oignons et émincez-les. Pelez les carottes et coupez-les en rondelles. Pelez et écrasez la gousse d'ail.

- Faites chauffer l'huile dans une cocotte. Déposez les morceaux de viande et faites-les revenir pendant 5 min.

- Ajoutez les oignons, l'ail et les carottes. Salez légèrement, mélangez bien et faites revenir pendant 5 min. Ajoutez la farine, mélangez bien l'ensemble puis mouillez avec le vin rouge. Complétez avec de l'eau pour couvrir la viande à hauteur. Ajoutez le bouquet garni. Portez le mélange à ébullition puis refermez la cocotte avec le couvercle et laissez mijoter de 2 h 30 à 3 h sur feu moyen.

- Pendant ce temps, faites chauffer les lardons à sec dans une poêle. Lorsqu'ils sont dorés, retirez l'excédent de graisse et ajoutez les champignons de Paris. Laissez cuire pendant 5 min et retirez du feu. Ajoutez les lardons et les champignons dans la cocotte en train de mijoter.

- Servez chaud, avec des pommes de terre cuites à l'eau.

Au vin rouge et au vinaigre balsamique

Pour renforcer le goût, ajoutez 3 c. à s. de vinaigre balsamique et 1 c. à c. de sucre et 3 clous de girofle.

Au cognac

Ajoutez 1 verre de cognac à la marinade.

Lapin bourguignon

Remplacez le bœuf par des morceaux de lapin sans forcément laisser mariner.

Bœuf miroton

Cuisez 1 jarret 1 h en cocotte dans 1/4 l d'eau salée, 4 clous de girofle, 1 cube de bouillon, 6 carottes coupées en rondelles et 1 oignon. Dorez au beurre 3 oignons émincés, ajoutez 2 c. à s. de farine, le jus de cuisson, et 2 c. à s. de concentré de tomates. Salez et poivrez. Faites gratiner au four la viande coupée, avec la sauce, les carottes, des tranches de cornichon et de la chapelure.

BŒUF SAUTÉ AUX BROCOLIS

Préparation : 20 min • Cuisson : 15 min • Pour 4 personnes

3 poireaux moyens • 250 g de brocoli • 500 g de filet de bœuf
6 cl de sauce soja • 1 gousse d'ail écrasée
1 c. à s. de Maïzena® • 2 cl d'huile de tournesol

- Émincez les poireaux en tranches. Détachez le brocoli en fleurettes.
- Coupez le bœuf en tranches fines. Mélangez-le avec la sauce soja, l'ail et la Maïzena® dans un saladier et laissez mariner pendant 15 min.
- Faites chauffer un wok ou une sauteuse à feu fort. Ajoutez la moitié de l'huile et faites sauter le bœuf en 2 fois, jusqu'à ce que la viande soit bien dorée. Réservez.
- Réduisez le feu, ajoutez le reste de l'huile et faites-y cuire les poireaux jusqu'à ce qu'ils soient fondants. Ajoutez ensuite les brocolis et faites cuire jusqu'à ce qu'ils soient tendres. Incorporez le bœuf, assaisonnez, et réchauffez le tout.
- Servez avec des nouilles ou du riz.

Bœuf sauté aux oignons

Ajoutez 3 oignons émincés et revenus, ajoutez 5 cl d'eau, 50 g de raisins secs, et du piment d'Espelette.

Bœuf sauté épicé

Faites mariner la viande 5 min dans 1 c. à s. de sauce soja, 1 c. à c. de sucre, 1 c. à c. de curry et 1 c. à c. de 4-épices. Faites revenir 1 oignon, ajoutez la viande. Servez parsemé de ciboulette.

À la japonaise

Faites revenir 1 oignon émincé et les lanières de viande. Versez 6 c. à s. de sauce soja et 5 cl de saké. Ajoutez 150 g de pousses de bambou, du persil, du céleri branche émincé et 150 g de champignons.

Au gingembre

Faites mariner la viande dans 3 c. à s. de sauce soja, 3 c. à s. de vin de riz, 1 c. à s. d'huile de sésame. Puis faites sauter dans 2 c. à s. d'huile d'arachide, ajoutez 50 g de gingembre râpé, 1 c. à s. de bouillon, poivrez.

Au curry

Faites mariner le bœuf 2 h dans le jus de 2 citrons, 2 c. à s. d'huile d'olive, 10 gousses d'ail pressées, 3 c. à s. de curry. Salez et poivrez. Embrochez avec des oignons grelots et des tomates cerises. Faites griller.

À la marocaine

Mixez 1 oignon, 1 cm de gingembre frais, 1 c. à c. de paprika, 1/2 c. à c. de cumin, 2 c. à s. d'huile d'olive et ½ bouquet de persil. Salez et poivrez. Ajoutez les dés de filet de bœuf. Après 2 h, embrochez et faites griller.

Bœuf aux pommes

Embrochez les dés de viande marinés dans de l'huile, du jus de citron et 1/2 c. à c. de cumin en poudre, avec des dés de pommes citronnés et poudrés de cannelle. Faites griller.

Bœuf au chorizo

Alternez des dés de bœuf mariné dans du vinaigre balsamique, des dés de poivron vert, des oignons blancs, des tomates cerises et des tranches de chorizo. Parsemez de thym. Faites griller.

BROCHETTES DE BOEUF ET LÉGUMES SAUTÉS

Préparation : 20 min • Cuisson : 20 min • Pour 4 personnes

2 gros oignons rouges • 1 c. à s. d'huile de tournesol
10 cl de bouillon de bœuf • 5 cl de sauce Worcestershire
12,5 cl de sauce piment douce • 8 cl de sauce tomate
500 g de filet de bœuf

- Préchauffez le four à 180 °C.
- Pelez et coupez les oignons en rondelles. Faites chauffer l'huile dans une casserole et faites frire les oignons jusqu'à ce qu'ils fondent.
- Incorporez le bouillon de bœuf, la sauce Worcestershire, la sauce piment et la sauce tomate. Laissez mijoter pendant 5 min. Ôtez du feu, assaisonnez et laissez refroidir.
- Coupez la viande en cubes. Enfilez-les sur des piques à brochette et placez-les dans un grand plat à rôtir graissé. Versez la sauce sur les brochettes et faites cuire au four sans couvrir de 15 à 20 min. Servez avec du riz et des légumes sautés.

BROCHETTES DE LÉGUMES

Préparation : 20 min • Cuisson : de 5 à 10 min • Pour 4 personnes

2 courgettes • 1 poivron vert • 1 poivron rouge
250 g de tomates cerises • 2 c. à s. d'huile d'olive
1 c. à c. d'herbes de provence • sel, poivre

- Coupez les courgettes et les poivrons en cubes.
- Enfilez les cubes de légumes et les tomates sur des brochettes.
- Arrosez d'huile d'olive et parsemez d'herbes de Provence. Salez et poivrez.
- Faites cuire au barbecue ou au gril du four pendant 5 min environ.

Aux oignons et aux champignons

Ajoutez aux brochettes de petits oignons blancs et des champignons de Paris.

Sauce au curry

Mélangez 200 g de fromage blanc, sel, poivre, 1 c. à s. de moutarde et 2 c. à c. de curry. Servez avec les brochettes parsemées d'herbes de Provence.

Aubergine Halloumi

Enrobez des dés d'aubergine non pelée, de poivrons vert, jaune et rouge d'huile d'olive. Saupoudrez d'herbes et poivrez. Embrochez avec des cubes de fromage Halloumi. Faites griller.

Aux olives, aux citrons et à l'ail

Mélangez de l'huile d'olive, le jus de 2 limes, de la ciboulette et du thym hachés, 2 c. à s. de miel, 2 gousses d'ail émincées. Salez et poivrez. Ajoutez des dés de courgette, de poivron, d'oignon rouge et de champignons shiitakes. Faites griller et servez avec des citrons confits.

BROCHETTES DE POULET AU SATAY

Préparation : 10 min • Cuisson : 28 min • Pour 4 personnes

500 g de filet de poulet

Pour la marinade : *2 c. à c. de sucre brun*
1 c. à c. de coriandre • 1 c. à c. de curcuma
1 c. à c. de cumin en poudre • 18 cl de lait de coco
Pour la sauce : *30 cl de lait de coco • 2 c. à s. de beurre d'arachide*
2 c. à c. de pâte de curry rouge épicée (facultatif)
2 c. à s. de sucre brun en poudre • 1/2 c. à c. de jus de citron

- Mélangez tous les ingrédients de la marinade dans un saladier. Coupez le poulet en cubes. Mettez-les dans le saladier et laissez mariner pendant 2 h au frais.
- Versez la moitié du lait de coco dans une casserole, ajoutez le beurre d'arachide et le curry et faites chauffer à feu doux pendant 3 min.
- Ajoutez le sucre, le jus de citron et le reste du lait de coco. Mélangez et laissez mijoter à couvert pendant 15 min à feu très doux.
- Préchauffez le four en position gril.
- Faites cuire les brochettes de poulet sous le gril pendant 10 min en les retournant à mi-cuisson. Servez avec la sauce et une salade.

Brochettes de poulet et de mangue

Alternez 1 cube de mangue et des dés de poulet marinés dans 6 c. à s. de jus de citron vert, 6 c. à s. de nuoc-mâm, 6 c. à s. de sucre, 5 c. à s. de sauce au piment doux, 2 c. à s. d'huile, de la coriandre et de la citronnelle émincées.

Poulet créole

Faites caraméliser les brochettes de poulet mariné dans 5 c. à s. de sirop créole au tamarin, le jus d'1/2 citron, de l'huile d'olive, du sel et du poivre.

Brochettes de poulet au vinaigre balsamique

Faites griller des dés de poulet marinés dans 4 c. à s. de vinaigre balsamique avec 2 gousses d'ail pilées, du thym frais, du poivre, 1 c. à s. de moutarde et 1 c. à s. d'huile d'olive.

Brochettes tandoori

Laissez macérer 1 h les dés de poulet dans 2 yaourts nature avec 1 c. à s. d'épices tandoori.

CANARD MIJOTÉ À L'HUILE D'OLIVE ET SES GALETTES AU CITRON

Préparation : 15 min • Cuisson : 2 h 15 min • Pour 4 personnes

4 morceaux de canard (cuisses, magrets) • 4 branches de thym frais
6 gousses d'ail • 90 cl d'huile d'olive • sel

Pour les galettes : *4 pommes de terre • 1 œuf battu*
le zeste d'1 citron râpé • 2 c. à s. de persil ciselé
3 c. à s. d'huile d'olive pour la cuisson • sel, poivre

- Placez le canard, le thym et l'ail dans une grande casserole et versez l'huile d'olive par-dessus, de façon que l'huile recouvre le canard. Laissez mijoter pendant 2 h à feu très doux. Attention à ne pas laisser bouillir l'huile.

- Pendant de temps, pelez les pommes de terre et coupez-les en 2. Faites-les cuire dans de l'eau bouillante salée pendant 10 min. Égouttez-les et réduisez-les en purée à l'aide d'une fourchette ou d'un écrase-pomme de terre. Incorporez l'œuf, le zeste de citron, le persil, du sel et du poivre. Formez des galettes avec cette préparation.

- Retirez le canard de la casserole et disposez-le sur une plaque de cuisson. Saupoudrez de sel et faites-le griller côté peau jusqu'à ce qu'il soit bien croustillant.

- Faites chauffer l'huile dans une poêle et faites dorer les galettes pendant 1 min de chaque côté, jusqu'à ce qu'elles soient bien dorées.

- Servez bien chaud avec le canard.

Aux olives

Faites dorer les morceaux de canard. Ajoutez 3 échalotes, 1 cœur de céleri, 1 gousse d'ail, 25 cl de vin blanc, 15 cl de bouillon et 250 g d'olives vertes. Laissez mijoter.

Aux champignons

Ajoutez 100 g de petits oignons, 2 gousses d'ail, 2 c. à s. de farine, 30 cl de bouillon de canard, 1 feuille de laurier, du thym et des champignons sautés au canard revenu.

Aux 4-épices

Enrobez 600 g de canard émincé de l c. à s. de sauce soja, 1 c. à s. de nuoc-mâm, 10 graines de coriandre, 1 c. à c. de 4-épices. Faites sauter avec 1 oignon et 1 poivron rouge émincés. Versez 25 cl de vin blanc, 3 c. à s. de crème.

Aux abricots et au porto

Ajoutez des oignons confits dans 100 g beurre et 40 g de sucre au canard revenu. Ajoutez 2 c. à s. de vinaigre de vin, 4 c. à s. de porto, 1 c. à s. de sirop de cassis, 24 abricots secs. Salez et poivrez.

CARPACCIO DE BŒUF ET SON BOUILLON

Préparation : 15 min • Cuisson : 5 min • Pour 6 personnes

600 g de filet de bœuf • 250 g de champignons de Paris
3 tiges de cive • 300 g de germes de soja • 1 sachet de mâche
1 l de bouillon de bœuf • 1 bouquet de coriandre

- Faites trancher la viande en lamelles très fines par votre boucher, ou-mettez-la au congélateur pour 30 min, et coupez des tranches aussi fines que possible.

- Nettoyez les champignons et la cive et émincez-les. Présentez les champignons, la cive, les germes de soja, la mâche et la viande dans un grand plat.

- Faites chauffer le bouillon avec la coriandre et servez-le bouillant dans des bols individuels.

- Chaque convive choisit ses ingrédients à mettre dans le bouillon.

- Servez avec de la sauce soja.

Aux carottes

Dans 80 cl d'eau et 1 cube de bouillon de volaille, faites cuire de jeunes carottes entières et 1 branche de céleri avec 1 bouquet garni. Ajoutez 200 g de vermicelle et servez avec le carpaccio.

Aux artichauts

Servez le carpaccio de boeuf avec des artichauts poivrades émincés et citronnés, de la roquette, des copeaux de parmesan, 1 filet d'huile d'olive, du sel et du poivre.

Aux champignons

Servez le carpaccio avec des champignons de Paris émincés et citronnés. Ajoutez du sel, du poivre, de la ciboulette, 1 filet d'huile d'olive et des copeaux de parmesan.

Carpaccio de saumon

Émincez 1 filet de saumon frais en fines tranches, arrosez d'huile d'olive et de jus de citron vert. Ajoutez du sel, des baies roses et de l'aneth. Servez frais.

À l'ail

Faites mariner au frais une nuit, le carré avec de la sarriette et 1 filet d'huile d'olive. Enfournez dans un poêlon. Déglacez avec 10 cl de vin blanc. Servez avec des gousses d'ail en chemise confites, des cèpes sautés avec du persil et des échalotes.

À la moutarde

Enrobez le carré d'agneau de ce mélange : 3 gousses d'ail hachées, 1/2 bouquet de persil, 2 c. à s. de moutarde, 2 c. à s. d'huile, 1 pincée de sel, 3 pincées de poivre de Cayenne. Parsemez de noix de beurre. Enfournez 40 min.

Au thym et au miel

Faites dorer les carrés au beurre dans une poêle, déposez sur une plaque, badigeonnez de miel et de fleurs de thym. Déglacez avec 20 cl de vin blanc, le jus d'1 citron et 2 c. à s. de sauce soja.

Balsamique

Déglacez avec 15 cl d'eau, 5 cl de vinaigre balsamique et du romarin. Réduisez et servez avec une purée de carottes.

CARRÉ D'AGNEAU VINDALOO

Préparation : 20 min • Cuisson : 35 min • Pour 4 personnes

2 carrés d'agneau de 6 côtelettes chacun • 6 cl de pâte à curry Vindaloo
800 g de courge butternut • 200 g de jeunes pommes de terre
2 oignons rouges • 1 bouquet de coriandre • 3 c. à s. d'huile d'arachide
3 c. à s. de cumin moulu • 425 g de pois chiches en boîte
1 citron vert • sel

- Préchauffez le four à 220 °C.
- Enrobez le carré d'agneau de pâte à curry Vindaloo. Réservez.
- Pelez la courge, ôtez les graines et coupez-la en tranches. Pelez les pommes de terre et coupez-les en 2. Pelez et coupez les oignons en rondelles. Ciselez la coriandre.
- Mélangez la courge, les pommes de terre et les oignons dans une grande sauteuse. Arrosez d'1 filet d'huile et saupoudrez de cumin. Salez. Remuez le tout et faites revenir pendant 10 min.
- Placez les légumes dans un plat à four et ajoutez les pois chiches égouttés. Placez la viande sur les légumes et faites cuire au four pendant 25 min, la viande sera à point.
- Découpez le carré en côtelettes. Répartissez les légumes dans 4 assiettes. Disposez 3 côtelettes par assiette, parsemez de coriandre ciselée et servez avec des tranches de citron vert.

CASSOLETTE DE FRUITS DE MER

Préparation : 20 min • Cuisson : 28 min • Pour 4 personnes

100 g de petits pois surgelés • 3 tomates
1 échalote • 1 oignon • 1 bouquet de persil • 2 brins d'aneth
1 c. à c. d'huile d'olive • 1 kg de mélange de fruits de mer
200 g de filet de poisson blanc • 20 cl de vin blanc sec
1,5 l de court bouillon de poisson • 1 brin de romarin

- Faites cuire les petits pois dans une casserole d'eau bouillante salée pendant 15 min. Égouttez-les et réservez. Coupez les tomates en morceaux.

- Pelez l'échalote et l'oignon et mixez-les grossièrement avec le persil et l'aneth. Faites revenir ce mélange dans l'huile d'olive pendant 2 min dans une cocotte.

- Ajoutez les fruits de mers et le filet de poisson coupé en cubes et faites cuire pendant 5 min. Retirez-les de la cocotte et réservez.

- Ajoutez les petits pois et les tomates en morceaux dans la cocotte et faites cuire pendant 5 min. Ajoutez le vin blanc et portez à ébullition, puis incorporez le court bouillon de poisson. Portez de nouveau à ébullition.

- Remettez les fruits de mer et le poisson dans la cocotte, ajoutez le romarin effeuillé et réchauffez pendant 3 min à feu vif. Servez dans 4 cassolettes individuelles.

Au poisson et aux crevettes

Faites sauter à l'ail 1 pavé de saumon et 1 filet de sole coupés en dés avec 200 g de crevettes. Ajoutez des pointes d'asperges vertes blanchies, 3 c. à s. de moutarde et 3 c. à s. de crème.

Aux surimi marinés

Faites mariner des dés de surimi avec du basilic et de la ciboulette mixés avec le jus d'1 citron et 5 cl de crème. Servez avec une ratatouille.

Saint-jacques au whisky

Faites confire 6 poireaux émincés dans du beurre salé. Ajoutez 24 noix de saint-jacques. Laissez cuire 2 min sur chaque face. Versez 3 c. à s. de Whisky, faites flamber et ajoutez 3 c. à s. de crème.

Aux escargots

Faites sauter 48 escargots et 4 échalotes hachées au beurre. Ajoutez 1 tomate et 4 cèpes coupés en dés, de l'estragon et du persil hachés, du sel et du poivre.

CHOUX AUX ÉPICES

Préparation : 15 min • Cuisson : 19 min • Pour 4 personnes

500 g de chou vert émincé • 100 g de chou-fleur
1 oignon • 1 gousse d'ail • 2,5 cm de racine de gingembre
2 piments verts • 4 c. à s. d'huile • 2 c. à c. de curcuma
100 g de petis pois congelés • 2 c. à c. de cumin en poudre
1 c. à c. de coriandre moulue • 1 pincée de poudre de piment
50 g de beurre • sel, poivre

- Émincez le chou. Détachez le chou-fleur en fleurettes.

- Pelez et hachez grossièrement l'oignon, l'ail, le gingembre et les piments au mixeur. Faites revenir le mélange dans une poêle avec l'huile d'olive pendant 3 min.

- Ajoutez le curcuma, et faites sauter pendant 1 min. Incorporez le chou, le chou-fleur, et les petits pois en remuant jusqu'à ce que les légumes soient bien enrobés de pâte jaune.

- Ajoutez le cumin, la coriandre et la poudre de piment, salez et poivrez, mélangez intimement et laissez cuire pendant 15 min, partiellement à couvert, en remuant de temps en temps, jusqu'à ce que le chou soit tendre.

- Incorporez le beurre et rectifiez l'assaisonnement.

Chou blanc

Faites sauter 1 chou blanc émincé et blanchi avec 1 c. à s. de ghee (beurre clarifié), 1 c. à c. de graines de moutarde, 1 c. à c. de cumin entier, 1 c. à c. de curcuma, 1 c. à c. de curry, 50 g de noix de coco râpée et 50 g de raisins secs.

À la cannelle et à la menthe

Faites sauter 600 g de chou dans 2 c. à s. d'huile d'olive avec 1 c. à s. de cannelle, 3 feuilles de menthe hachées, du paprika, du sel et du poivre.

Chou-fleur aux épices

Faites suer 1 oignon dans du beurre, ajoutez 1 c. à c. de gingembre, 1 c. à c. de ras al-hanout, des bouquets de chou-fleur, des petits pois blanchis, 30 cl de bouillon, du persil, de l'estragon, du cerfeuil, du sel et du poivre.

Chou rouge

Faites cuire 1 chou rouge émincé dans l'huile d'olive, 2 c. à s. de vinaigre de xérès, 2 bâtons de cannelle, 2 étoiles d'anis, 1 c. à s. de miel et du sel.

COLIN AU BEURRE

Préparation : 5 min • Cuisson : 15 min • Pour 4 personnes

1kg de filet de colin • 50 g de beurre
fleur de sel, poivre au moulin

- Préchauffez le four à 180 °C.
- Placez le poisson sur une plaque de cuisson recouverte de papier sulfurisé. Repliez la pointe du filet de façon que les 2 côtés soient cuits de la même façon.
- Parsemez de noisettes de beurre. Salez et poivrez.
- Faites cuire au four pendant 15 min. Servez immédiatement.

Au beurre d'aneth

Mélangez 125 g de beurre mou, 12 grains de poivre rose, 2 branches d'aneth et 1 gousse d'ail hachées.

Anisé

Hachez 1 gousse d'ail et de l'aneth. Ajoutez le beurre ramolli, 1 c. à c. de Pernod, 3 c. à s. de crème fraîche épaisse. Salez et poivrez. Servez avec le poisson cuit.

Sauce au citron

Portez à ébullition 10 cl de vin blanc et le jus de 2 citrons, faites réduire de moitié. Incorporez 200 g de beurre, du sel et du poivre. Fouettez.

Sauce au beurre rouge

Faites réduire 4 échalotes hachées avec 40 cl de madiran jusqu'à ce qu'il n'y ait plus de vin. Ajoutez 12 cl de crème fraîche, du poivre. Faites réduire. Ajoutez 150 g de beurre salé. Fouettez et maintenez au bain-marie sur feu doux avant de servir.

CÔTES DE PORC À LA PROVENÇALE

Préparation : 10 min • Cuisson : 30 min • Pour 4 personnes

2 gousses d'ail • 8 tomates romaines • 2 c. à s. d'huile d'olive
2 c. à c. de feuilles de thym frais + 4 petites branches pour le décor
5 cl de vinaigre balsamique • 4 côtelettes de porc

- Préchauffez le four à 220 °C.
- Pelez les gousses d'ail, ôtez le germe et écrasez-les. Coupez les tomates en 2.
- Mélangez l'huile d'olive, l'ail, le thym et la moitié du vinaigre balsamique. Badigeonnez les côtelettes du mélange et laissez mariner pendant 15 min.
- Transférez dans un plat à four et ajoutez les tomates. Arrosez du reste de vinaigre et faites cuire au four pendant 30 min. Décorez avec les branches de thym et servez avec des pommes de terre cuites à l'eau.

Aux câpres

Faites dorer les côtes de porc dans l'huile, salez et poivrez. Déglacez avec 6 morceaux de sucre. Faites caraméliser, ajoutez 50 cl de coulis de tomates, 25 cl d'eau, 1 feuille de laurier, 3 clous de girofle. Après 15 min, ajoutez des câpres.

Provençale

Faites dorer 2 gousses d'ail, 4 échalotes avec les côtes de porc. Ajoutez 4 c. à s. de concentré de tomate, 10 cl d'eau, 1 bouquet garni. Salez et poivrez. Après 25 min, ajoutez des olives noires et du basilic.

Au miel

Badigeonnez les côtes de miel, arrosez de sauce soja et laissez mariner 2 h. Faites cuire avec la marinade et 2 c. à c. de miel à mi-cuisson, faites caraméliser.

À la moutarde

Faites dorer les côtes dans du beurre, versez 2 c. à s. de moutarde délayée avec 1/2 verre d'eau, salez. Laissez cuire à couvert 20 min. à feu doux.

Beurre persil-basilic

Hachez 1 gousse d'ail, du persil et du basilic. Mélangez au beurre salé.

À la cannelle et au safran

Faites sauter les côtelettes. Ajoutez 10 cl d'eau chaude, 1 c. à c. de cannelle, 2 doses de safran et les rondelles d'1 citron. Salez et poivrez. Laissez mijoter.

Aux anchois

Enfoncez 1/2 anchois au sel dans les côtes à l'aide d'un couteau. Frottez avec 1/2 citron et 1 c. à s. d'huile d'olive, faites griller les côtes. Ajoutez du sel, du poivre, du thym et servez.

Au gingembre et au romarin

Frottez l'agneau avec du gingembre et du romarin frais. Faites dorer à feu vif, arrosez de miel d'acacia mélangé à 10 cl de vinaigre de cidre. Enfournez à 150 °C.

CÔTELETTES D'AGNEAU AU BEURRE PARFUMÉ AU MIEL ET AU ROMARIN

Préparation : 25 min • Cuisson : 22 min • Pour 2 personnes

2 gousses d'ail • 2 c. à s. d'huile d'olive
4 côtelettes d'agneau • sel, poivre

Pour le beurre parfumé : *3 c. à s. de miel • 1 c. à c. de romarin moulu*
1/4 c. à c. de sel • poivre au moulin • 125 g de beurre

Pour la purée : *4 pommes de terre • 4 gousses d'ail*
le jus d'1/2 citron • 3 c. à s. d'huile d'olive • 20 cl de lait • sel

- Incorporez le miel, le romarin, le sel et le poivre au beurre amolli. Réservez au frais pendant 1 h au moins.

- Pelez et écrasez l'ail. Mettez-le dans un bol avec l'huile d'olive, montez en pommade, salez et poivrez. Badigeonnez les côtelettes de ce mélange et laissez mariner pendant 1 h au moins.

- Préchauffez le four à 220 °C.

- Faites cuire les pommes de terre coupées en dés dans de l'eau bouillante salée pendant 10 min. Passez-les au moulin à légumes et incorporez l'ail pelé et écrasé, le jus de citron et l'huile d'olive. Ajoutez doucement le lait tiédi, salez et mélangez. Réservez au chaud jusqu'au moment de servir. Faites griller les côtelettes pendant 2 min dans une poêle à feu vif. Placez-les ensuite dans un plat à four et faites-les cuire au four pendant 10 min. Ôtez du four et servez sans attendre avec une grosse noisette de beurre parfumé.

- Servez avec la purée de pommes de terre et un taboulé.

CREVETTES SAUTÉES AUX LÉGUMES

Préparation : 10 min • Cuisson : 15 min • Pour 2 personnes

150 g de queues de crevettes surgelées • 1 gousse d'ail
150 g de mélange de légumes surgelés • 1 c. à c. d'huile
1 pincée de poivre de Cayenne • 2 c. à s. de sauce piment douce

- Épluchez les queues de crevettes si nécessaire. Épluchez l'ail et écrasez-le.

- Faites sauter les légumes et les crevettes dans un wok avec l'huile pendant 10 min en remuant. Ajouter l'ail, le poivre et la sauce piment. Mélangez et laissez cuire pendant 1 min. Servez aussitôt.

Nouilles croustillantes

Faites revenir 1 poivron rouge, 1 poivron vert, 4 ciboules et 2 carottes émincés à l'huile d'olive. Retirez-les et faites sauter 250 g de nouilles chinoises cuites. Dès qu'elles croustillent, ajoutez les légumes et les crevettes sautées au poivre.

Au brocoli et au piment thaï

Faites sauter des brocoli, des dés de courgette, des mini-épis de maïs et 1 oignon émincé. Ajoutez 10 cl d'eau, des nouilles chinoises, des crevettes crues et 1 pincée de piment thaï.

Aux calamars

Ajoutez des calamars coupés, des germes de soja, des pousses de bambou, des champignons noirs, du nuoc-mâm et de la sauce soja.

Au gingembre

Faites revenir 5 oignons nouveaux, 1 gousse d'ail pressée et 1 c. à s. de gingembre râpé. Ajoutez les nouilles cuites et les crevettes crues, 1 c. à s. de sauce soja et 1 c. à s. de miel.

CRUMBLE AUX COURGETTES ET AU PARMESAN

Préparation : 20 min • Cuisson : 25 min • Pour 4 personnes

1 oignon • 1 kg de petites courgettes • 10 feuilles de basilic
2 c. à s. d'huile d'olive • 60 g de copeaux de parmesan • 150 g de farine
100 g de beurre amolli • sel, poivre

- Pelez et émincez l'oignon. Émincez les courgettes. Ciselez le basilic.

- Faites fondre l'oignon et les courgettes dans une sauteuse avec l'huile d'olive à feu doux. Laissez mijoter pendant 10 min à couvert, puis pendant 5 min sans couvercle, pour faire évaporer l'eau. Retirez du feu.

- Ajoutez le parmesan et le basilic ciselé à la préparation. Salez et poivrez.

- Préchauffez le four à 190 °C.

- Mélangez la farine, 1 pincée de sel et le beurre coupé en morceaux dans un saladier. Effritez du bout des doigts pour avoir un mélange sableux.

- Répartissez les légumes dans un moule à gratin. Recouvrez de pâte et faites cuire au four pendant 25 min.

Crumble aux courgettes et au chèvre

Salez et poivrez les courgettes râpées, ajoutez 30 g de semoule fine, 250 g de fromage de chèvre en dés, 1 c. à c. d'origan. Couvrez de pâte. Enfournez.

À la menthe

Remplacez le basilic par des feuilles de menthe ciselée.

Au poulet

Déposez 50 g de fromage de chèvre émietté, des aiguillettes de poulet revenues avec 1 oignon, des courgettes en rondelles et des pignons. Couvrez de pâte. Enfournez.

Aux pistaches

Mélangez les courgettes râpées avec leur peau avec 200 g de fromage de chèvre, 1 c. à s. de basilic ciselé, 2 c. à s. de semoule. Salez et poivrez. Couvrez de chapelure mélangée à 50 g de pistaches concassées et 2 c. à s. d'huile d'olive. Enfournez.

Au jambon cru et au roblochon

Enveloppez les endives d'1 tranche de reblochon et d'1 une tranche de jambon cru. Disposez-les dans le plat, couvrez de béchamel, enfournez.

Au saumon fumé

Enroulez les endives dans des tranches de saumon fumé, couvrez de mascarpone fouetté avec le jus d'1 citron. Parsemez de baies roses et de gruyère, enfournez.

Au curry

Ajoutez à 25 cl de bouillon de volaille du curry, des herbes de Provence, 2 gousses d'ail écrasées et du poivre. Versez sur les endives au jambon, parsemez de parmesan, faites gratiner.

Poireaux au jambon

Remplacez les endives par des poireaux, ajoutez de la noix muscade à la béchamel. Dispersez des dés de roquefort, des pignons et des noix concassées.

ENDIVES AU JAMBON

Préparation : 10 min • Cuisson : 25 min • Pour 4 personnes

1 c. à s. de moutarde à l'ancienne • 50 cl de béchamel • 8 endives
8 tranches de jambon blanc • 70 g de gruyère râpé • poivre

- Incorporez la moutarde à la béchamel.
- Faites cuire les endives à l'eau pendant 20 min et égouttez-les. Enroulez les endives dans les tranches de jambon et posez-les dans un plat à gratin. Nappez de béchamel.
- Préchauffez le four en position gril.
- Parsemez généreusement de gruyère râpé, poivrez et faites gratiner sous le gril du four pendant 5 min.

ÉPINARDS À LA CRÈME

Préparation : 15 min • Cuisson : 40 min • Pour 6 personnes

1,3 kg d'épinards frais • 3 œufs • 50 cl de crème fraîche
100 g de parmesan râpé • 1 pincée de noix muscade moulue
sel, poivre

- Préchauffez le four à 180 °C.
- Lavez les épinards et faites-les cuire à la vapeur pendant 10 min. Égouttez-les, essorez-les et émincez-les grossièrement.
- Battez les œufs et la crème et ajoutez le parmesan et la noix muscade. Rectifiez l'assaisonnement.
- Ajoutez la préparation aux épinards et remuez. Versez le tout dans un plat à gratin beurré et faites cuire au four pendant 30 min, jusqu'à ce que le dessus soit bien doré. Le centre du gratin doit être crémeux. Servez ce plat avec des croûtons, en accompagnement d'une viande ou d'un poisson.

Au roquefort

Faire fondre les épinards avec 40 g de beurre salé, ajoutez 50 g de roquefort, 15 cl de crème, et du poivre.

Aux œufs durs

Ajoutez du persil en fin de cuisson et servez avec des œufs durs coupés.

Aux champignons

Ajoutez aux épinards cuits dans un fond de veau 450 g de champignons de Paris émincés et revenus. Versez 20 cl de crème fraîche fouettée avec 1 pincée de sel et 1/2 c. à c. de ras al-hanout.

À la crème de mozzarella et aux lardons

Faites fondre 1 boule de mozzarella coupée en dés dans une casserole. Ajoutez 40 cl de crème fraîche, 250 g de lardons rissolés, les épinards fondus au beurre, des cerneaux de noix, des raisins secs et des pignons grillés à sec. Poivrez.

ESCALOPES DE POULET ET PURÉE AUX HERBES

Préparation : 15 min • Cuisson : 40 min • Pour 4 personnes

2 c. à s. d'huile d'olive • le jus d'1/2 citron • 3 c. à s. de romarin
6 brins de persil • 4 escalopes de poulet • 4 pommes de terre
12,5 cl de lait • 50 g de ciboulette • fleur de sel, poivre au moulin

- Mixez ensemble l'huile d'olive, le jus de citron, le romarin et le persil. Salez et poivrez. Enrober les escalopes de cette préparation, puis placez-les dans un plat à four dans le bas du four en position gril de 10 à 15 min, jusqu'à ce que la viande soit tendre. Retournez à mi-cuisson. Réservez au chaud.

- Pelez les pommes de terre et coupez-les en morceaux. Faites-les cuire dans une casserole d'eau bouillante salée pendant 15 min, jusqu'à ce qu'elles soient tendres.

- Égouttez-les et écrasez-les à l'aide d'un presse-purée en ajoutant le lait tiédi petit à petit. Vérifiez l'assaisonnement, puis ajoutez la ciboulette et mélangez le tout.

- Servir chaud avec les escalopes grillées.

Panées au parmesan

Badigeonnez les escalopes d'œuf battu. Roulez-les dans 4 c. à s. de chapelure mélangée à 2 c. à s. de parmesan râpé, 1/2 c. à c. d'herbes de Provence, du sel et du poivre. Faites dorer à la poêle.

Roulées au fromage

Salez et tartinez les escalopes de fromage frais, roulez et enroulez d'1 tranche de poitrine fumée. Enfournez 20 min à 180 °C.

À la crème

Faites dorer au beurre l'oignon haché et les escalopes farinées, versez le jus d'1 citron. Faites réduire et ajoutez 25 cl de crème. Salez et poivrez.

Aubergine-curry

Faites dorer les escalopes avec des rondelles d'aubergines et de l'ail. Poivrez. Ajoutez 2 cubes de bouillon de volaille, 20 cl de sauternes, 2 c. à s. de curry et 2 c. à c. de vinaigre balsamique. Laissez épaissir.

FETTUCINI AU PARMESAN ET AU JAMBON DE PARME

Préparation : 10 min • Cuisson : 10 min • Pour 4 personnes

8 tranches de jambon de Parme • 2 c. à s. d'huile d'olive
500 g de fettuccini • 25 cl de crème fraîche
70 g de parmesan râpé + 50 g pour servir • sel, poivre

- Détaillez le jambon de Parme en lamelles. Faites-les revenir dans une poêle avec l'huile pendant 2 min à feu vif. Égouttez et réservez.
- Faites cuire les fettuccini dans une casserole d'eau bouillante pendant 8 min (adaptez au temps de cuisson indiqué sur le paquet).
- Égouttez les pâtes et versez-les dans un saladier. Incorporez la crème et le parmesan aux pâtes chaudes. Ajoutez le jambon et remuez délicatement. Salez, poivrez, et servez avec du parmesan.

Aux poireaux et au jambon cru

Faites revenir 2 poireaux émincés et 1 gousse d'ail hachée. Ajoutez 15 cl de bouillon de veau et des lanières de jambon cru. Salez. Laissez mijoter, mélangez aux fettucini avec 20 cl de crème et du parmesan râpé.

Aux petits pois et à la roquette

Mélangez les fettucini al dente, 300 g de petits pois cuits, 150 g de jambon de Bayonne coupé en dés, 50 g de beurre salé, 50 g de roquette et du parmesan.

Au saumon fumé et aux tomates séchées

Mélangez les fettucini cuits à 40 g de beurre fondu, 2 jaunes d'œufs battus avec 50 cl de crème. Ajoutez du parmesan et 150 g de tomates séchées. Servez avec des lanières de saumon fumé.

À l'encre de seiche

Prenez des fettucini à l'encre de seiche, ajoutez des noix de Saint-Jacques sautées, déglacez au vin blanc et au vinaigre balsamique.

FILETS DE DORADE ET COMPOTÉE DE POIVRONS

Préparation : 10 min • Cuisson : 20 min • Pour 4 personnes

3 poivrons rouges • 4 filets de dorade • paprika
1 c. à s. d'huile d'olive • sel et poivre

- Lavez les poivrons et faites-les dorer sous le gril du four de 10 à 15 min, jusqu'à ce que la peau noircisse, en les retournant à mi- cuisson.
- Ôtez les poivrons du four et placez-les dans un sachet plastique hermétique ou dans un saladier recouvert de film alimentaire et laissez refroidir pendant 15 min.
- Réglez la température du four à 180 °C.
- Pelez les poivrons et rincez-les sous l'eau froide. Coupez-les en fines lanières.
- Découpez 4 feuilles de papier sulfurisé. Répartissez les poivrons dessus et déposez les filets de dorade. Saupoudrez de paprika, salez, poivrez et arrosez d'1 filet d'huile d'olive. Refermez les papillotes.
- Faites cuire au four pendant 15 min.

À l'orange

Faites cuire les filets marinés dans l'huile d'olive, 3 c. à s. de jus d'orange et les zestes de 2 oranges râpés. Servez avec des dés de poivron rouge, 250 g de petits pois cuits et des grains de maïs revenus. Arrosez de crème fleurette poivrée.

Au poivron et à la tomate

Faites compoter 3 poivrons, 3 tomates, 1 oignon et 2 gousses d'ail émincés à l'huile d'olive. Ajoutez 1 dose de safran. Salez et poivrez.

À la compote de rhubarbe

Faites suer 60 g de gingembre râpé avec 20 g de beurre. Ajoutez 600 g de rhubarbe blanchie et 2 c. à s. de sucre. Laissez mijoter, servez avec les filets dorés.

Au fenouil

Placez autour des filets salés et poivrés 2 fenouils émincés, blanchis et revenus au beurre, ajoutez des dés de tomate et 10 cl de vin blanc. Enfournez 10 min à 180 °C.

FILETS DE POULET MARINÉS

Préparation : 15 min • Cuisson : 10 min • Pour 2 personnes

2 escalopes de poulet • 4 tomates fraîches
1 avocat • 1 filet d'huile d'olive • sel, poivre

Pour la marinade : *jus d'un citron vert • 1 c. à c. de concentré de tomate*
1 c. à c. de sauce Worcestershire • 1/2 c. à c. de poivre de Cayenne

- Mélangez tous les ingrédients de la marinade dans un plat allant au four. Placez-y les escalopes de poulet de façon qu'elles soient bien enrobées du mélange. Laissez mariner au frais pendant au moins 1 h.

- Pendant ce temps, incisez la peau de chaque tomate sur 1 cm. Plongez-les pendant 1 min dans une casserole d'eau bouillante. Retirez-les à l'aide d'une écumoire et plongez-les dans l'eau froide. Retirez la peau. Émincez la chair et placez-la dans un saladier.

- Pelez l'avocat et coupez-le en dés. Incorporez-les aux tomates et arrosez d'un filet d'huile d'olive. Salez et poivrez. Mélangez.

- Préchauffez le gril du four, et faites cuire les escalopes de 5 à 10 min, en retournant à mi-cuisson, jusqu'à ce que la viande soit bien dorée et cuite à l'intérieur. À la plancha ou au barbecue, faites cuire de 2 à 3 min de chaque côté.

- Placez les escalopes cuites dans les assiettes et servez avec le mélange tomates-avocat.

Au rhum

Faites mariner les aiguillettes de poulet dans 3 c. à s. de jus de citron vert, 2 c. à s. de rhum, 2 c. à s. de miel, et 3 c. à s. d'huile d'olive. Salez, poivrez et faites dorer à la poêle.

Au curry

Faites mariner le poulet 2 h dans le jus de 2 citrons jaunes, 1 oignon émincé, 2 gousses d'ail écrasées, 1 c. à c. de tapenade, 1 filet d'huile d'olive, 1 c. à c. de cumin en poudre et 1 c. à c. de curry. Faites dorer à la poêle.

Au sésame

Laissez mariner la viande dans 2 c. à s. de miel fondu dans 5 cl de jus de citron et 5 cl de sauce soja. Faites dorer et parsemez des graines de sésame grillées.

À la coriandre

Enrobez les morceaux de poulet de coriandre fraîche mixée avec 2 tranches de pain de mie, le jus d'1 citron vert, 1 c. à s. d'huile d'olive, 1 pincée de sel. Après 30 min, faites cuire.

FILETS DE ROUGET SUR LIT DE FENOUIL

Préparation : 10 min • Cuisson : 25 min • Pour 4 personnes

2 bulbes de fenouil • 2 tomates • 2 c. à s. d'huile d'olive
1 c. à s. de pastis • 12 filets de rouget • sel, poivre

- Émincez finement les bulbes de fenouil. Coupez les tomates en rondelles. Faites-les fondre dans une sauteuse sur feu moyen pendant 15 min environ, avec l'huile d'olive. Ajoutez le pastis, salez et laissez réduire le jus.

- Préchauffez le four à 180 °C.

- Découpez 4 feuilles de papier sulfurisé. Répartissez le fenouil dessus et déposez les filets de rouget. Salez et poivrez. Refermez les papillotes et déposez-les sur la plaque du four.

- Faites cuire au four pendant 10 min.

À la tapenade

Arrosez les 2 bulbes de fenouil émincés et blanchis d'huile d'olive et d'1 jus de citron. Salez et poivrez. Déposez les filets, étalez de la tapenade d'olive noire, posez 4 tomates séchées, du basilic et poivrez. Enfournez 10 min.

Sauce au basilic

Fouettez 3 cl d'alcool anisé chauffé avec 3 cl d'eau. Incorporez 150 g de beurre en morceaux, replacez sur le feu. Une fois fondu, ajoutez 2 c. à s. de basilic frais haché. Nappez les filets cuits.

Au fenouil et à l'aneth

Faites revenir 2 bulbes de fenouil émincés à l'huile d'olive, ajoutez 2 branches d'aneth ciselé. Râpez 1 fève tonka. Salez.

Au fenouil safrané

Faites suer l oignon et 900 g de cœurs de fenouil émincés à l'huile d'olive. Ajoutez 2 doses de safran, salez et laissez compoter à couvert.

Flétan poêlé

Roulez les filets farinés dans le zeste d'1 citron râpé, et dans 3 œufs battus avec du sel et du poivre. Faites cuire, servez avec des champignons sautés.

Flétan aux poivrons

Faites revenir 3 poivrons (rouge, vert et jaune) émincés et de l'ail. Ajoutez 10 cl de vin blanc, 1 c. à c. de concentré de tomate, du sel, du poivre, du paprika, de l'origan. Servez avec les filets cuits.

Gratin de flétan

Parsemez 1 c. à s. de graines de cumin sur des carottes râpées et blanchies. Posez les filets de flétan. Salez et poivrez. Enfournez 10 min. Servez avec du beurre salé mélangé à 2 c. à s. de poudre d'amandes.

Au pesto

Enfournez le flétan avec 2 oignons revenus et 100 g de pesto délayé avec 20 cl de crème. Saupoudrez de parmesan.

FLÉTAN ET SALADE TIÈDE DE POMMES DE TERRE

Préparation : 10 min • Cuisson : 20 min • Pour 4 personnes

1 kg de pommes de terre • 2 c. à s. de farine • 4 filets de flétan
20 g de beurre • 1/2 bouquet de persil ciselé
200 g de mâche • sel, poivre

Pour la vinaigrette : *3 c. à s. d'huile d'olive • 1 c. à s. de vinaigre*
1 œuf dur finement émincé • sel, poivre.

- Lavez bien les pommes de terre, coupez-les en 2 et faites-les cuire pendant 12 min dans une grande casserole d'eau salée. Égouttez-les et réservez au chaud.

- Farinez, salez et poivrez les filets de flétan. Faites fondre le beurre dans une grande poêle et faites-y revenir les filets pendant 4 min de chaque côté, jusqu'à ce qu'ils soient bien dorés et croustillants.

- Pendant ce temps, mettez tous les ingrédients de la vinaigrette dans un saladier. Ajoutez les pommes de terre chaudes et enrobez-les de la sauce. Servez le poisson parsemé de persil, avec la salade de pommes de terre tiède et la mâche.

À la ciboulette

Mélangez des miettes de thon, 3 œufs battus, 1 c. à s. de ciboulette, 60 g de gruyère râpé, 2 gousses d'ail hachées, 1 pincée de noix muscade. Salez et poivrez. Formez des galettes, faites dorer à la poêle.

Thon-pomme de terre

Écrasez 4 pommes de terre cuites. Ajoutez des miettes de thon, des olives noires coupées et 1 c. à s. de ciboulette. Salez et poivrez. Formez des galettes et faites dorer au beurre.

Au four

Battez 4 œufs, 1 c. à s. d'huile d'olive et 10 cl de lait. Ajoutez 200 g de farine, 300 g de thon émietté, 1 c. à s. de fines herbes. Salez et poivrez. Enfournez dans des ramequins 20 min à 220 °C.

À la tomate

Fouettez 2 œufs battus avec 40 cl de crème. Ajoutez 80 g de farine, 1/2 sachet de levure, 1 tomate en dés, 50 g de miettes de thon, 1/2 c. à c. de baies roses. Enfournez dans des moules 15 min à 200 °C.

GÂTEAUX DE THON AU CURRY

Préparation : 15 min • Cuisson : 6 min • Pour 4 personnes

250 g de de thon • 2 oignons de printemps • 1 gousse d'ail • 1 piment
1 c. à s. de pâte de curry • 2 c. à s. de coriandre fraîche ciselée
50 g de farine • 1 œuf battu • 100 g de chapelure
huile pour cuisson • 2 brins de coriandre

- Coupez le thon en fines lamelles. Pelez et émincez les oignons et l'ail. Émincez le piment. Mettez tous ces ingrédients dans un saladier, ajoutez la pâte de curry et la coriandre. Mélangez intimement.

- Formez 8 petites galettes avec cette préparation. Trempez chaque galette dans la farine, puis dans l'œuf battu, et enfin dans la chapelure.

- Faites chauffer l'huile dans une poêle et faites revenir doucement les galettes des 2 côtés, jusqu'à ce qu'elles soient bien dorées.

- Égouttez sur du papier absorbant. Servez chaud, parsemé de feuilles de coriandre et accompagné éventuellement de sauce tomate.

GNOCCHIS À LA SAUGE

Préparation : 30 min • Cuisson : 25 min • Pour 4 personnes

4 pommes de terre moyennes (700 g) • 100 g de farine à gâteau fluide

Pour la sauce : *200 g de beurre fondu • 2 c. à s. de sauge fraîche*
125 g de parmesan râpé • sel, poivre du moulin

- Faites bouillir les pommes de terre avec leur peau dans de l'eau bouillante salée pendant 20 min, jusqu'à ce qu'elles soient tendres. Épluchez-les encore chaudes, et écrasez-les dans un saladier. Ajoutez la farine petit à petit et mélangez à l'aide d'une fourchette, pour obtenir une pâte ferme et lisse. Formez de longs rouleaux de 1,5 cm de diamètre environ. Coupez ensuite en tranches de 2 cm d'épaisseur. Faites une empreinte sur chaque gnocchi à l'aide d'une fourchette, en les écrasant très légèrement.

- Faites cuire les gnocchis dans une grande casserole d'eau bouillante salée. Dès qu'ils remontent à la surface, ils sont cuits. Retirez-les à l'aide d'une écumoire et disposez-les dans un saladier.

- Mélangez le beurre fondu, la sauge et du poivre, et versez cette préparation sur les gnocchis. Ajoutez le parmesan et servez.

À la sauge et au citron

Faites revenir avec un filet d'huile d'olive les feuilles de sauge émincées avec 1 zeste de citron jaune râpé. Ajoutez 1/3 du jus du citron, laissez mariner à feu doux, salez, poivrez et ajoutez les gnocchi.

Gnocchis noirs

Utilisez 400 g pommes de terre vitelottes et de la farine de blé noir.

Gratinés au jambon

Faites revenir au beurre 1 échalote émincée, ajoutez la sauge, 1 tranche de jambon de Parme en lanières, 5 cl de marsala et 30 cl de crème liquide. Salez et poivrez. Versez sur les gnocchis cuits, ajoutez 2 tranches de jambon de Parme coupées et du parmesan. Enfournez 15 min à 200 °C.

Au potiron

Ajoutez aux pommes de terre 400 g de purée de potiron et 2 pincées de noix muscade.

GNOCCHIS AU GORGONZOLA ET AUX NOIX

Préparation : 15 min • Cuisson : 5 min • Pour 4 personnes

500 g de gnocchis • 25 cl de crème liquide
60 g de gorgonzola • 15 cerneaux de noix

- Faites cuire les gnocchis dans une grande casserole d'eau bouillante salée. Dès qu'ils remontent à la surface, ils sont cuits (adaptez au temps de cuisson indiqué sur le paquet). Retirez à l'aide d'une écumoire et disposez-les dans un saladier.

- Pendant ce temps, faites chauffer la crème avec le gorgonzola. Ajoutez les noix.

- Égouttez les gnocchis et placez-les dans un saladier. Nappez de sauce au gorgonzola. Servez chaud.

Aux épinards

Ajoutez 300 g d'épinards hachés à la crème avant de saupoudrer de parmesan.

À la roquette

Ajoutez à la recette de base 1 pincée de noix muscade et servez les gnocchis saupoudrés de parmesan avec des feuilles de roquette.

Aux pommes

Écrasez 150 g de gorgonzola, ajoutez 40 g de cerneaux de noix concassés, 1 pomme en lamelles dorées au beurre et caramélisées avec 1 c. à c. de sucre. Ajoutez 15 cl de crème, 2 c. à c. de calvados, du sel et du poivre. Mélangez aux gnocchis et saupoudrez de parmesan râpé.

Aux légumes

Ajoutez aux gnocchis : des petits pois, des rondelles de carottes, des cocos plats, des brocolis blanchis, 80 g de gorgonzola émietté, 15 cl de crème, 2 gousses d'ail et 1 oignon émincés. Salez et poivrez. Enfournez 15 min à 200 °c pour gratiner.

GRATIN CAPRESE

Préparation : 15 min • Cuisson : 25 min • Pour 4 personnes

3 grosses tomates • 300 g de mozzarella • 10 feuilles de basilic frais
8 filets d'anchois • 100 g d'olives noires dénoyautées
poivre au moulin • 1 c. à s. d'huile d'olive

- Préchauffez le four à 180 °C.
- Tranchez les tomates et la mozzarella. Disposez-les dans un plat à gratin. Intercalez les feuilles de basilic.
- Placez les filets d'anchois et les olives coupées en 2 dessus. Poivrez, mais ne salez pas, car les olives et les anchois contiennent déjà du sel. Arrosez d'1 filet d'huile d'olive et faites cuire au four pendant 25 min, jusqu'à ce que le fromage soit fondu.

À la coppa

Remplacez les filets d'anchois par des tranches de coppa.

Au chorizo

Alternez des lamelles de chorizo,de tomates et de mozzarella. Salez, poivrez. Ajoutez 1 filet d'huile d'olive, 2 gousses d'ail hachées et 1 c. à c. d'herbes de Provence.

Aux courgettes

Ajoutez des rondelles de courgettes, des lamelles d'oignons rouges et de l'origan à la recette principale.

Gratin à la grecque

Écrasez des tomates pelées avec leur jus avec 1 yaourt à la grecque, 3 gousses d'ail et du basilic. Salez. Versez dans un plat à gratin, ajoutez des rondelles d'aubergine frites à l'huile d'olive, des rondelles d'oignons rouges, des tranches de mozzarella, 1 morceau de chèvre émietté. Poivrez. Enfournez 30 min à 220 °C.

GRATIN DE COURGETTES AU MUNSTER

Préparation : 15 min • Cuisson : 40 min • Pour 4 personnes

1 oignon • 4 belles courgettes • 2 c. à s. d'huile
2 œufs • 10 cl de lait de vache, de riz ou de soja
100 g de munster • sel, poivre

- Préchauffez le four à 180 °C.
- Pelez et émincez l'oignon. Émincez les courgettes en fines lamelles. Dans une sauteuse, faites fondre l'oignon avec une pincée de sel dans un peu d'huile. Puis ajoutez les courgettes et laissez cuire pendant 15 min environ jusqu'à ce qu'elles soient tendres.
- Battez les œufs avec le lait. Coupez le fromage en morceaux. Mélangez l'ensemble des ingrédients et versez-les dans un plat à gratin.
- Faites cuire au four pendant 15 min.

Aux pignons

Ajoutez des pignons à la recette de base avant d'enfourner.

Au riz

Faites fondre 10 cl de crème, 30 g de munster, 1 gousse d'ail et du persil hachés, 1 pincée de noix muscade et 2 c. à s. de parmesan. Ajoutez 150 g de riz cuit et 2 courgettes râpées revenues à l'huile d'olive. Salez et poivrez. Parsemez de chapelure. Enfournez 20 min à 180°C.

Au bacon

Étalez des courgettes en tranches, ajoutez 100 g de bacon taillé en allumettes et du comté râpé. Versez 2 œufs battus avec 20 cl de crème, et 1 pincée de noix muscade. Rajoutez des tranches de courgettes et des tranches de munster. Enfournez 45 min à 180°C.

Au potiron et au munster

Faites revenir 2 gousses d'ail hachées et 100 g de noix concassées à la poêle avec de l'huile l'olive. Ajoutez 150 g de gorgonzola et 20 cl de crème liquide et laissez épaissir. Servez avec des fusillis.

GRATIN DE PATATES DOUCES AUX NOIX DE CAJOU ET AU BLEU

Préparation : 10 min • Cuisson : 20 min • Pour 4 personnes

100 g de mozzarella • 100 g de bleu • 4 patates douces de taille moyenne
100 g de fromage type Saint Moret® ou Kiri®
100 g de noix de cajou • sel, poivre

- Coupez la mozzarella en dés et émiettez le bleu. Réservez. Coupez les patates douces en 2. Faites-les cuire avec leur peau dans une grande casserole d'eau bouillante salée pendant 15 min, jusqu'à ce qu'elles soient tendres. Égouttez-les et coupez-les en tranches. Mettez-les dans un saladier. Incorporez doucement le fromage à la crème, les noix de cajou et le bleu. Salez et poivrez.

- Préchauffez le four en position gril.

- Répartissez la préparation dans 4 assiettes individuelles, et parsemez de mozzarella. Placez les assiettes sous le gril pour 1 à 2 min, jusqu'à ce que le gratin prenne une belle couleur dorée. Accompagnez d'une salade verte.

Aux champignons

Ajoutez 300 g de champignons émincés sautés à l'ail, des dés de tomates séchées, 1 pincée de noix muscade et 1 filet d'huile d'olive aux rondelles de patates douces. Couvrez de crème et de fromage râpé. Enfournez.

Aux courgettes et aux lardons

Ajoutez des rondelles de courgette et 300 g de lardons rissolés aux rondelles de patates douces. Couvrez de béchamel, ajoutez 1 pincée de noix muscade et du gruyère râpé. Enfournez.

Créoles

Recouvrez les rondelles de patates douces de lait, salez et poivrez. Ajoutez 1 pincée de cannelle et de noix muscade, 3 gousses d'ail hachées, 1 pointe de gingembre en poudre. Laissez cuire 25 min et déposez dans un plat beurré. Versez 3 œufs battus et du fromage râpé.

Au chaource

Recouvrez les rondelles de patates douces de morceaux de fromage chaource et d'1 filet d'huile d'olive. Saupoudrez de 5-épices. Enfournez.

À la feta

Remplacez la mozzarella par des dés de feta.

Aux champignons

Ajoutez la compotée de tomates et 300 g de champignons sautés à l'ail sur les aubergines dorées. Versez 3 œufs battus avec 8 c. à s. de ricotta. Saupoudrez de parmesan. Enfournez.

Pommes de terre et cantal

Versez 1 couche de la sauce tomate sur les aubergines frites, ajoutez des rondelles de pommes de terre cuites à la vapeur, déposez des lamelles de cantal, couvrez de coulis de tomates et saupoudrez de parmesan. Enfournez.

Aubergine et viande

Faites revenir 4 oignons avec 400 g de viande hachée, 4 tomates en dés, 2 c. à s. de concentré de tomate, 2 gousses d'ail émincées, 1/4 c. à c. de thym et de romarin. Salez et poivrez. Déposez sur les rondelles d'aubergines frites, saupoudrez de parmesan. Enfournez.

GRATIN DE TOMATES ET D'AUBERGINES

Préparation : 50 min • Cuisson : 45 min • Pour 4 personnes

2 aubergines • 80 g de farine • 5 c. à s. d'huile d'olive
150 g de mozzarella • sel

Pour la préparation à la tomate : *1 oignon • 1 gousse d'ail*
1 c. à s. d'huile • 2 boîtes de tomates concassées
1/2 c. à c. d'origan • 100 g de parmesan râpé • sel, poivre

- Coupez les aubergines en tranches de 1 cm d'épaisseur et mettez-les dans une passoire. Saupoudrez-les de sel et laissez dégorger pendant 30 min.

- Rincez rapidement les aubergines et essuyez-les avec du papier absorbant. Enrobez-les de farine. Faites-les frire avec l'huile dans une poêle bien chaude. Déposer les tranches sur du papier absorbant afin de retirer l'excès d'huile.

- Épluchez et émincez l'oignon et l'ail, et faites-les sauter dans l'huile, dans la même poêle, sans qu'ils colorent. Ajoutez les tomates concassées et assaisonnez d'origan, de sel et de poivre. Laissez cuire la sauce pendant 10 min à découvert, jusqu'à ce qu'elle épaississe.

- Préchauffez le four à 200 °C.

- Mettez les tranches d'aubergine dans un plat à gratin. Versez la préparation à la tomate dessus, puis couvrez de fines tranches de mozzarella. Parsemez de parmesan.

- Faites gratiner au four pendant 25 min. Servez avec du pain de campagne.

HACHIS PARMENTIER

Préparation : 20 min • Cuisson : 1 h • Pour 4 personnes

5 grosses pommes de terre • 40 g de beurre • 2 oignons • 1 carotte
600 g de bœuf haché • 1 c. à s. de sauce Worcestershire
20 cl de bouillon de bœuf • 1 c. à s. d'huile • sel, poivre

- Pelez les pommes de terre et coupez-les en cubes. Faites-les cuire pendant 20 min dans une grande casserole d'eau bouillante salée. Égouttez-les et écrasez-les à la fourchette en incorporant le beurre et 2 c. à s. d'eau pour obtenir une purée. Ajoutez un peu d'eau si nécessaire.

- Pelez et émincez les oignons. Pelez et coupez la carotte en bâtonnets. Faites-les revenir avec l'huile dans une sauteuse.

- Ajoutez la viande, la sauce Worcestershire et le bouillon. Laissez cuire pendant 10 min à couvert.

- Préchauffez le four à 180 °C.

- Répartissez la viande dans un plat à gratin. Ajoutez la purée sur le dessus. Faites cuire au four pendant 30 min, jusqu'à ce que la purée soit légèrement dorée sur le dessus.

Au bœuf et au porc

Utilisez un mélange de 300 g de bœuf haché et 300 g de hachis de porc.

À l'italienne

Mélangez le hachis de bœuf à une sauce de tomates cuites avec 2 oignons et 1 bouquet garni. Saupoudrez de parmesan.

Au riz

Remplacez les pommes de terre par 200 g de riz cuit. Faites revenir les oignons avec 200 g de courgettes en rondelles, 100 g de champignons émincés et 1 gousse d'ail. Ajoutez 10 cl de crème, du piment et 100 g de comté râpé. Enfournez.

Épicé

Faire revenir le bœuf et 1 oignon, ajoutez 4 c. à s. de vinaigre de xérès et 3 c. à s. de jus de citron, 2 tomates concassées, 2 piments hachés, 75 g d'olives vertes, 3 c. à s. de câpres, 75 g de raisins secs, 2 pommes de terre sautées avec 1 gousse d'ail et 1/2 c. à c. de cumin, 50 g d'amandes effilées et grillées.

KEFTA D'AGNEAU ET SAUCE À LA MENTHE

Préparation : 10 min • Cuisson : 10 min • Pour 2 personnes

1 gousse d'ail • 2 cm de racine de gingembre
300 g de viande d'agneau hachée • 2 c. à c. de paprika
1/4 de c. à c. de sel

Pour la sauce : *2 c. à s. de menthe fraîche • 2 c. à s. de persil plat*
1 c. à c. de graines de cumin • 15 cl de yaourt nature

- Préchauffez le four en position gril.
- Pelez et écrasez l'ail et le gingembre. Mettez-les dans un saladier et ajoutez la viande, le paprika et le sel. Mélangez. Formez des boulettes de la taille d'1 c. à s. autour de chaque pique à brochette.
- Placez les brochettes sous le gril du four et laissez cuire pendant 10 min, en retournant à mi-cuisson.
- Pendant ce temps, ciselez la menthe et le persil. Battez les ingrédients de la sauce dans un bol et réservez au frais jusqu'au moment de servir.

À la coriandre

Ajoutez à la viande ½ bouquet de coriandre ciselée. Servez avec 1 c. à c. de harissa délayée avec le jus d'1 citron et 3 c. à s. d'huile d'olive.

À la volaille

Mélangez de la viande de volaille hachée, du persil et de la menthe ciselés, 1 oignon émincé, 1/2 c. à c. de cannelle et 2 œufs. Salez et poivrez.

Sauce verte

Faites fondre 1 c. à c. de sucre dans 1 c. à s. d'eau. Ajoutez 4 c. à s. de menthe ciselée, 2 pincées de sel, 3 c. à s. de vinaigre de vin. Servez avec la viande.

Sauce fruitée

Faire revenir 1 oignon haché dans 1 c. à s. d'huile d'olive. Ajoutez 2 tomates et 1/4 de pêche coupées en dés, 1 c. à c. de vinaigre de vin blanc, 1/2 c. à c. de piment, 1 c. à s. de menthe, 4 noix hachées et 2 c. à c. de paprika. Faites cuire 2 min.

LANGUE SAUCE MOUTARDE

Préparation : 15 min • Cuisson : 2 h 35 • Pour 6 personnes

1 gros oignon • 2 gousses d'ail
1 langue de bœuf fraîche • 1 c. à c. de poivre noir en grains
1 feuille de laurier • 1 c. à c. de sel

Pour la sauce : *50 g de beurre • 2 poireaux émincés • 2 c. à s. de farine*
25 cl de lait • 6 cl de crème • 2 c. à s. de moutarde de Dijon à l'ancienne
1 c. à s. de persil plat émincé • 1 c. à s. d'aneth ciselé
2 c. à s. de vinaigre de cidre • 10 g de sucre • sel, poivre

- Pelez et émincez l'oignon et l'ail. Rincez la langue à l'eau froide et placez-la dans une grande casserole. Couvrez d'eau. Ajoutez l'oignon, l'ail, les grains de poivre, la feuille de laurier et le sel. Portez à ébullition et laissez cuire à feu doux pendant 2 h 30, jusqu'à ce que la langue soit tendre.

- Égouttez-la et ôtez la peau. Coupez-la en tranches fines. Réservez au chaud.

- Faites fondre le beurre dans une casserole et faites-y revenir les poireaux jusqu'à ce qu'ils soient tendres. Ajoutez la farine, puis incorporez le lait petit à petit en remuant. Laissez mijoter à feu doux, en remuant sans arrêt, jusqu'à ce que la préparation épaississe. Incorporez la crème, la moutarde, le persil, l'aneth, le vinaigre et le sucre. Salez et poivrez.

- Servez la viande accompagnée de la sauce et de quelques feuilles de salade.

Moutarde au cassis

Mélangez 1 c. à s. de moutarde au cassis et 3 c. à s. de sucre. Ajoutez 6 c. à s. d' huile, 2 c. à s. de vinaigre blanc, et du sel. Fouettez, versez sur la langue avec de l'aneth ciselé.

Au madère

Mélangez 100 g de beurre fondu et 120 g de farine. Versez du bouillon de langue et ajoutez 1/2 verre de madère ou de porto. Délayez et ajoutez 200 g de champignons revenus.

Sauce piquante

Mélangez 60 g de beurre fondu et 30 g de farine. Ajoutez 1 c. à s. de concentré de tomate et 20 cl de bouillon. Faites suer 1 échalote hachée avec 20 g de beurre, ajoutez 10 cl de vin blanc, 1 c. à c. d'oxo, 1/2 c. à c. de pâte de piment, 1 c. à c. d'estragon, du sel et du poivre. Mélangez les 2 préparations.

Sauce aux câpres

Fouettez 50 g de beurre fondu, 1 c. à s. de farine et 10 cl de lait. Faites chauffer et ajoutez 1 jus de citron, du bouillon de cuisson et 2 c. à s. de câpres.

LÉGUMES À LA SAUCE BÉCHAMEL

Préparation : 15 min • Cuisson : 25 min • Pour 4 personnes

8 petits poireaux • 8 minibrocolis longues tiges
8 fleurettes de chou-fleur • 4 petites courges coupées en 2
4 petites courgettes rondes coupées en 2 • 60 g de beurre
25 g de farine • 50 cl de lait • sel, poivre du moulin

- Faites cuire tous les légumes séparément dans de l'eau bouillante salée pendant 15 à 20 min.

- Pendant ce temps, faites fondre le beurre dans une petite casserole et ajoutez la farine. Mélangez pendant 1 min à l'aide d'une cuillère en bois, puis ôtez du feu. Ajoutez un peu de lait tout en remuant jusqu'à obtention d'une sauce lisse. Portez à ébullition et laissez cuire pendant 1 min encore. Salez et poivrez.

- Égouttez les légumes et disposez-les dans un plat. Versez la sauce Béchamel par-dessus, poivrez et servez chaud.

Chou-fleur

Ajoutez des bouquets de chou-fleur, des lardons rissolés et 1 pointe de noix muscade à la béchamel.

Béchamel au curry

Faites fondre 50 g de beurre, ajoutez 50 g de farine, versez 75 cl de lait sans cesser de tourner jusqu'à ce que la sauce épaississe. Salez, poivrez et ajoutez 2 c. à c. de curry.

Au lait de coco et à la citronnelle

Faites revenir 1 oignon blanc dans 2 c. à s. d'huile d'arachide, ajoutez 20 cl de lait de coco, 3 tiges de citronnelle coupées en fines rondelles et le jus d'1 citron vert. Versez sur les légumes et parsemez de coriandre ciselée.

Aux bettes et au cumin

Faites cuire à la vapeur 1 botte de bettes coupées en petits morceaux (côtes et feuilles). Préparez la béchamel avec 3 c. à s. d'huile d'olive, 3 c. à s. de farine, 15 cl de lait et 1 c. à c. de cumin.

LÉGUMES GRILLÉS

Préparation : 20 min • Cuisson : 15 min • Pour 4 personnes

1 aubergine moyenne • 4 petites courgettes
1 poivron jaune, 1 poivron rouge, 1 poivron vert
3 c. à s. d'huile d'olive vierge

Pour la sauce : *1 gousse d'ail • 1/2 piment*
1 c. à s. de basilic frais ciselé • 3 c. à s. d'huile d'olive
le jus d'1 citron • sel, poivre

- Coupez l'aubergine en rondelles. Coupez les courgettes en 2 dans la longueur. Épépinez les poivrons et coupez-les en morceaux.
- Faites revenir l'aubergine et les courgettes à l'huile d'olive dans une sauteuse à feu vif de 8 à 10 min, jusqu'à ce qu'elles soient tendres, en remuant. Retirez-les et mettez-les dans un plat.
- Faites cuire les poivrons dans la sauteuse pendant 5 min en remuant. Versez dans le plat.
- Pelez la gousse d'ail et pressez-la. Émincez le piment. Ciselez le basilic. Mettez l'ail, le piment et le basilic dans un bol. Salez et poivrez. Fouettez avec l'huile et le jus de citron.
- Incorporez délicatement la sauce aux légumes et laissez mariner pendant 30 min. Servez à température ambiante.

À la mozzarella

Disposez sur les légumes grillés des quartiers de tomates crues et des rondelles de mozzarella. Poivrez, arrosez de vinaigrette au poivron.

Vinaigrette au poivron

Faites griller 1 poivron rouge sous le gril du four, pelez-le, coupez-le en dés et mélangez avec du basilic ciselé, 3 c. à s. d'huile d'olive et 1 c. à s. de vinaigre balsamique. Salez et poivrez.

Parmesane

Ajoutez 3 artichauts violets coupés en 2 à la recette de base et arrosez tous les légumes d'huile d'olive. Parsemez d'origan, laissez mariner puis faites griller. Salez, poivrez et saupoudrez de parmesan et de basilic.

À la menthe et aux pignons

Remplacez le basilic par de la menthe, ajoutez 4 têtes de champignons et 1 c. à s. de pignons de pin grillés à sec.

LINGUINES AU POIVRON

Préparation : 15 min • Cuisson : 20 min • Pour 4 personnes

1 kg de palourdes • 3 échalotes • 1 gousses d'ail
1 bouquet de persil plat • 1/2 poivron rouge • 1/2 poivron vert
1 grosse tomate • 10 cl d'huile d'olive • 250 g de linguines
1 verre de vin blanc sec • 1 noix de beurre
quelques feuilles de basilic pour le décor

- Lavez soigneusement les palourdes. Réservez.

- Pelez les échalotes et émincez-les. Pelez la gousse d'ail. Réservez les feuilles de persil pour le décor et ciselez les tiges. Épépinez les poivrons et émincez-les. Coupez la tomate en rondelles.

- Faites revenir tous ces ingrédients à l'huile d'olive pendant 15 min à feu doux dans une cocotte.

- Pendant ce temps, faites cuire les linguines dans de l'eau bouillante salée pendant 4 min. Prélevez un bol d'eau de cuisson et égouttez-les.

- Ajoutez les palourdes et le vin blanc dans la cocotte et faites cuire à feu vif jusqu'à l'ouverture des palourdes. Ajoutez les linguines et le bol d'eau réservée et poursuivez la cuisson à feu vif pendant 4 min.

- Versez dans un saladier. Ajoutez le beurre et mélangez. Servez parsemé de persil et de feuilles de basilic.

Aux pleurotes

Faites revenir 1 poivron rouge et 1 poivron jaune émincés. Ajoutez 150 g de pleurotes, du thym haché et les linguines cuites.

À la basquaise

Faites cuire 1 poivron rouge et 1 courgette émincés en lanières. Ajoutez 4 c. à s. de sauce tomate, 1 c. à s. de sauce sakari, des rondelles de chorizo. Ajoutez les linguines al dente et parsemez de parmesan.

Au poulet

Faites revenir de l'ail et 1 oignon hachés, du basilic et de l'origan ciselés. Ajoutez 25 cl de crème, du sel et du poivre, des lanières de poulet dorées, 3 poivrons rouges mixés avec 1 c. à s. de vinaigre balsamique. Ajoutez les linguines cuites et du parmesan.

À la dinde et au curry

Faites revenir 2 poivrons verts et 2 oignons émincés, des lanières de dinde et du curry. Salez. Ajoutez les pâtes cuites et 1 filet de sauce soja.

Au cidre

Déposez les filets de lieu sur 3 oignons et 2 échalotes émincés et dorés dans 40 g de beurre et 250 g de champignons citronnés. Versez 4 c. à s. de crème mélangée à 25 cl de cidre. Salez et poivrez. Enfournez 30 min à 200 °C.

Aux herbes

Faites dorer 2 échalotes et 1 gousse d'ail hachées dans 60 g de beurre. Ajoutez 4 c. à s. de purée de tomates, 1 verre de fumet de poisson, 1 pincée de poivre, 1 c. à c. d'herbes de Provence. Versez sur les tranches de lieu dorées.

Au vin blanc

Mettre le poisson sur 3 échalotes hachées, 1 poivron jaune coupé en dés revenus dans 20 g de beurre. Ajoutez des rondelles de citron, des câpres et 25 cl de vin blanc. Enfournez 30 min.

En papillote

Placez un mélange d'oignons et de ciboulette hachés, 1 filet de lieu saupoudré de paprika et d'1 c. à s. de vinaigre balsamique dans des papillotes. Enfournez. 25 min.

LIEU SAUCE CIBOULETTE

Préparation : 15 min • Cuisson : 20 min • Pour 4 personnes

500 g de lieu • 25 g de beurre • sel, poivre

Pour la sauce : *8 oignons de printemps • 12 cl de vin blanc*
240 g de beurre • 1/2 botte de ciboulette
1 filet de jus de citron • sel, poivre

- Faites cuire le lieu au beurre dans une poêle pendant 3 min de chaque côté, salez et poivrez.

- Pendant ce temps, pelez et émincez les oignons. Ciselez la ciboulette.

- Versez le vin blanc, l'eau et les oignons de printemps émincés dans une casserole. Portez à ébullition, et laissez réduire jusqu'à ce qu'il n'y ait plus qu'une fine couche de liquide recouvrant le fond de la casserole. Réservez au chaud.

- Incorporez le beurre par noisettes et fouettez jusqu'à obtention d'une crème épaisse. Ajouter alors le jus de citron, incorporez la ciboulette, rectiffiez l'assaisonnement et réservez au chaud.

- Servez le lieu bien chaud, nappé de la crème.

LOTTE AU GINGEMBRE

Préparation : 15 min • Cuisson : 20 min • Pour 2 personnes

250 g de lotte • 1 oignon • 1 tomate • 1 c. à s. d'huile
1 c. à c. de fumet de poisson • ½ c. à c. de gingembre en poudre
5 cl de vin blanc • 15 cl de lait de coco • 2 branches de persil

- Coupez la lotte en gros morceaux. Pelez et émincez l'oignon. Coupez la tomate en petits cubes.
- Faites revenir l'oignon dans un peu d'huile dans une poêle chaude. Puis ajoutez la tomate, la lotte, le fumet de poisson et le gingembre. Laissez cuire pendant 2 min.
- Ajoutez le vin blanc, le lait de coco, couvrez et laissez mijoter pendant 15 min.
- Servez parsemé de persil ciselé et accompagné de riz.

Au curry

Faites dorer la lotte au beurre, ajoutez 3 oignons et 2 gousses d'ail émincés, 1 c. à s. de curry et 1 c. à s. de gingembre râpé. Versez 30 cl de vin blanc, laissez cuire 15 min et incorporez 15 cl de crème.

Au safran

Faites revenir 1 échalote émincée, ajoutez le jus d'1/2 citron vert, 5 cl de vin blanc, 2 pincées de safran, 200 g de tomates concassées et la lotte coupée en morceaux. Salez et laissez mijoter 5 min.

Au chorizo

Ajoutez à la recette au safran 400 g de pommes de terre et servez avec des tranches de chorizo grillées.

Au four

Faites revenir 2 oignons hachés et 2 carottes coupées en dés. Ajoutez 4 tomates concassées, 1 bouquet garni et 2 gousses d'ail hachées. Laissez mijoter 30 min. Ajoutez 10 cl de vin blanc, 50 cl de crème et les filets de lotte. Enfournez 15 min à 200 °C.

MAGRETS DE CANARD À L'ORANGE

Préparation : 15 min • Cuisson : 1 h 10 min • Pour 4 personnes

2 oranges • 1 c. à s. d'huile d'olive • 20 g de beurre • 4 magrets de canard 10 cl de vin rouge • 50 g de sucre • 45 cl de bouillon de poulet 7,5 cl de Grand Marnier • 1 botte de cresson frais • sel, poivre

- Prélevez les zestes des oranges. Pressez 1 orange et prélevez les quartiers de l'orange restante. Réservez.

- Faites chauffer l'huile et le beurre dans une grande casserole.

- Coupez 4 entailles dans la peau de chaque magret (attention, seulement dans la peau et non dans la viande). Placez-les dans la casserole, côté peau sur le fond. Faites sauter jusqu'à ce que la peau soit bien dorée, retournez les magrets et faites dorer de l'autre côté. Salez et poivrez. Baissez le feu et laissez mijoter les magrets à feu doux et à couvert pendant 45 min.

- Pendant ce temps, versez le vin et le sucre dans une casserole, portez ce mélange à ébullition en remuant sans arrêt et laissez cuire jusqu'à ce que le mélange prenne une couleur caramel. Ajoutez le bouillon de poulet, le Grand Marnier et le jus d'orange.

- Laissez mijoter à feu doux pendant 30 min. Ôtez les magrets de la casserole et ajoutez-les à la sauce avec les quartiers d'oranges réservés pour 15 min environ.

- Coupez chaque magret en 3, placez une poignée de cresson frais dans chaque assiette, disposez les magrets et arrosez d'1 filet de sauce, puis parsemez de zeste d'orange.

Au miel et à l'orange

Faites réduire 4 c. à s. de miel, 4 c. à s. de vinaigre et le jus de 2 oranges. Salez et poivrez. Versez sur les magrets grillés.

Au vin rouge

Détaillez et faites suer 125 g de poitrine fumée, 2 oignons, 1 bulbe de fenouil, 2 carottes et 4 navets émincés. Ajoutez le canard grillé, flambez avec 4 c. à s. de cognac. Ajoutez 25 cl de vin rouge, 1 branche de thym et 1 feuille de laurier. Salez et poivrez. Faites réduire.

À l'orange confite

Servez avec des gousses d'ail confites au beurre, du miel et des quartiers d'orange confits dans 2 c. à s. de sucre et 1/2 verre d'eau.

Sauce saké au gingembre

Faire réduire 12 cl de bouillon, 2 c. à s. de sauce soja, 2 c. à s. de saké, 2 c. à s. de miel, 1 c. à s. de gingembre râpé et le jus d'1 citron vert. Versez sur les magrets rôtis.

MÉDAILLONS DE PORC AUX PÊCHES ET AU MIEL

Préparation : 5 min • Cuisson : 20 min • Pour 4 personnes

4 pêches • 7,5 cl de miel d'acacia • 9 cl de jus d'orange
2 c. à s. d'huile neutre • 2 c. à s. de beurre • 4 médaillons de porc

- Dénoyautez les pêches et coupez-les en tranches. Faites chauffer le miel dans une casserole sur feu moyen, puis ajoutez-y les morceaux de pêche et le jus d'orange. Laissez mijoter pendant 10 min à feu doux, jusqu'à ce que les pêches soient tendres. Réservez.

- Faites chauffer l'huile et le beurre sur feu moyen dans une poêle. Ajoutez les médaillons de porc et faites-les cuire pendant 5 min sur une face et pendant 3 min sur l'autre face.

- Ajoutez les pêches et le jus d'orange et laissez mijoter pendant 2 min, juste pour déglacer la poêle.

- Servez avec une salade de cresson et de haricots mange-tout.

Sauce à la framboise

Faites chauffer 10 cl de vin rouge, 4 c. à s. de crème de cassis et 1 c. à s. de farine de maïs. Ajoutez 100 g de framboises. Versez sur les médaillons dorés.

Sauce à l'orange et à la sauge

Arrosez les médaillons de porc dorés de vin blanc, de sauge et couvrez. Ajoutez le jus d'1 orange, 2 c. à s. de sauce Worcestershire et les quartiers d'orange. Salez et poivrez.

Aux kiwis

Mixez 2 échalotes, 2 gousses d'ail, 1 c. à s. de sucre, 4 c. à s. de sauce soja, 1 c. à c. de 5 épices et la pulpe de 8 kiwis. Versez sur les médaillons en pleine cuisson, ajoutez 3 c. à s. de crème.

Aux pommes

Faites fondre 40 g de beurre, ajoutez 2 c. à c. de sucre roux, laissez caraméliser, ajoutez des lamelles de pomme et 1 c. à c. de cannelle moulue. Servez avec les médaillons dorés.

À l'anisette

Faites réduire 10 cl de vin blanc, 1 c. à s. d'anisette, 1 jus de citron, 1 c. à c. de concentré de tomate, 1 c. à c. de sucre et 2 c. à s. de crème. Versez sur les filets dorés.

En papillote

Laissez mariner les filets de merlan dans 10 cl de vin blanc, 2 c. à s. d'huile d'olive, de la ciboulette et de l'aneth ciselés, 1 pincée de poivre. Faites cuire 25 min en papillote avec du citron vert et du sel.

Panés

Battez 2 œufs, ajoutez 1 c. à s. d'huile d'olive, 2 c. à s. de moutarde, 1 pincée de poivre. Badigeonnez-en les filets de merlan, roulez dans la chapelure et faites dorer.

Aux câpres

Faites cuire le merlan à l'huile d'olive. Réservez et déglacez la poêle avec 2 c. à s. de vinaigre balsamique, 2 c. à s. d'eau, 2 c. à s. de câpres, 1 noix de beurre. Arrosez les filets.

MERLAN À L'ITALIENNE

Préparation : 10 min • Cuisson : 10 min • Pour 2 personnes

10 cl de crème liquide • 1/2 bouquet de basilic
1 courgette • 1 tomate • 200 g de filet de merlan • 1 c. à s. d'huile d'olive
80 g de riz cuit • 1 citron • sel, poivre

- Fouettez la crème en chantilly. Salez et poivrez. Réservez quelques feuilles de basilic pour le décor et ciselez le reste. Incorporez le reste à la chantilly. Réservez au frais.

- Coupez 2 tranches de 0,5 cm d'épaisseur dans la longueur de la courgette. Coupez la tomate en tranches.

- Faites cuire ensemble le merlan, les tranches de courgette et la tomate dans une grande poêle avec un peu d'huile d'olive pendant 10 min à feu doux. Retournez à mi-cuisson. Salez et poivrez, et saupoudrez le poisson du basilic ciselé réservé.

- Mettez 1 tranche de courgette sur chaque assiette, puis déposez des morceaux de merlan et des tranches de tomate en les intercalant.

- Servez avec 1 c. à s. de chantilly au basilic, du riz blanc et des quartiers de citron. Décorez avec les feuilles de basilic.

NACHOS AU FROMAGE ET AUX HARICOTS

Préparation : 15 min • Cuisson : 20 min • Pour 6 personnes

1 oignon • 1 piment • 1 boîte de haricots beurre en grains
1 boîte de maïs doux • 2 tomates • 200 g de mozzarella
2 cl d'huile d'olive • 400 g de nachos • 200 g de guacamole

- Pelez l'oignon et émincez-le. Émincez le piment. Rincez et égouttez les haricots et le maïs. Coupez les tomates en dés. Émincez la mozzarella.
- Faites chauffer l'huile d'olive dans une grande sauteuse et faites-y fondre l'oignon à feu doux pendant 4 min, jusqu'à ce qu'il soit tendre. Ajoutez le piment et faites cuire encore pendant 1 min. Incorporez les haricots et le maïs et faites cuire sur feu moyen pendant 5 min.
- Incorporez les tomates et poursuivez la cuisson pendant 2 min.
- Préchauffez le four en position gril.
- Couvrez la base d'un plat à gratin de nachos, recouvrez de la préparation aux haricots et d'une couche de mozzarella. Faites gratiner le fromage sous le gril.
- Servez avec du guacamole.

Cheddar

Faites revenir 1 oignon, 200 g de bouquets de brocoli, 1 poivron vert et 1 poivron rouge en dés, 100 g de champignons émincés. Ajoutez les haricots, 1 tomate coupée en dés et 1 c. à c. de tabasco. Couvrez les nachos de cheddar. Placez sous le gril.

Haricots rouges

Remplacez les haricots beurre par 400 g de haricots rouges en boîte et faites revenir l'oignon avec 1 poivron rouge, 1 gousse d'ail, de la coriandre hachée.

À la viande

Suivez la recette de base. Après la tomate, ajoutez des morceaux de poulet cuits ou du bœuf haché.

Sauce aux cacahuètes

Mixez 150 g de cacahuètes salées. Ajoutez 20 cl de lait de coco, 100 g de fromage frais et 1 pincée de poivre de Cayenne. Servez avec des nachos.

OMELETTE AU HADDOCK

Préparation : 5 min • Cuisson : 10 min • Pour 2 personnes

125 g de haddock fumé • 4 œufs, blancs et jaunes séparés
2 c. à s. de lait entier • 15 g de beurre • 40 g de gruyère râpé
ciboulette fraîche ciselée • sel, poivre

- Placez le poisson dans une poêle et couvrez-le d'eau. Portez à ébullition, réduisez le feu et laissez mijoter doucement pendant 5 min. Égouttez puis émiettez le haddock, en prenant bien soin d'enlever la peau et les arêtes.

- Préchauffez le gril.

- Battez les jaunes d'œufs dans une jatte avec le lait et l'assaisonnement. Incorporer le poisson émietté. Fouettez les blancs d'œufs jusqu'à ce qu'ils soient mousseux et légers, puis, à l'aide d'une cuillère en métal, incorporez-les délicatement dans la préparation aux jaunes.

- Faites chauffer le beurre dans une poêle à omelette. Versez-y la préparation et faites cuire pendant 3 min, jusqu'à ce que l'omelette soit bien prise. Faites glisser l'omelette sur un plat allant au four. Saupoudrez de gruyère râpé et placez de 2 à 3 min sous le gril, jusqu'à ce que le dessus soit bien cuit et le fromage fondu. Saupoudrez de ciboulette ciselée et servez.

Aux petits pois

Faites cuire le haddock dans du lait et ajoutez 1 poignée de petits pois blanchis et du persil aux œufs battus.

Aux échalotes

Faites revenir le haddock avec 2 échalotes émincées dans un peu d'huile. Ajoutez 1/2 cube de bouillon et un peu d'eau. Versez les œufs battus et laissez cuire. Servez avec du persil ciselé.

Aux légumes

Faites revenir 2 oignons hachés, 1 courgette et 2 pommes de terre cuites en rondelles, 1 poivron rouge coupé en lanières et les morceaux de haddock. Poivrez et versez les œufs battus.

Au saumon fumé

Remplacez le haddock par du saumon fumé coupé en petits morceaux et ajoutez-les à la préparation aux œufs. Servez avec de l'aneth ciselé.

Aux fruits

Ajoutez à la recette de base 2 citrons confits et des pruneaux. Ajoutez au jus de cuisson 1 c. à s. de vinaigre balsamique.

Au potiron, à la châtaigne et au cheddar

Écrasez 600 g de potiron, 3 pommes de terre et 300 g de châtaignes cuits. Ajoutez 25 cl de crème, 1 pincée de noix muscade. Salez et poivrez. Faites dorer 1 oignon émincé, les morceaux d'agneau hachés et 2 gousses d'ail. Ajoutez 400 g de tomates, 10 cl de lait. Salez et poivrez. Laissez cuire. Alternez avec la purée et ajoutez du cheddar râpé.

À l'italienne

Versez du coulis de tomates, des morceaux d'agneau revenu avec des oignons, des rondelles de mozzarella sur la purée. Enfournez 35 min à 180 °C.

À l'ossau-iraty

Ajoutez 2 carottes, 2 gousses d'ail émincées et 3 pincées de 4-épices aux oignons et à la viande revenus. Parsemez de lamelles d'ossau-iraty.

PARMENTIER D'AGNEAU AUX ÉPICES

Préparation : 30 min • Cuisson : 1 h 28 min • Pour 8 personnes

1 gros oignon • 6 gousses d'ail • 5 cm de gingembre
1 piment rouge • 1 tomate • 1 bouquet de coriandre
2 c. à s. d'huile • 1 kg d'agneau haché • 1/2 c. à c. de curcuma moulu
1 c. à c. de cumin moulu • 1 c. à s. de concentré de tomate
1 c. à c. de pâte de tamarin • 30 cl de bouillon de poulet
1 kg de pommes de terre • 20 cl de lait chaud
1 pincée de noix muscade • 25 g de beurre • sel, poivre

- Pelez l'oignon, l'ail et le gingembre. Émincez l'oignon et l'ail et râpez le gingembre. Épépinez et émincez le piment. Coupez la tomate en tranches. Ciselez la coriandre.

- Mettez l'huile à chauffer dans une casserole sur feu moyen et faites-y sauter les oignons, l'ail et le gingembre pendant 2 min. Augmentez la température et ajoutez la viande, le piment, le curcuma et le cumin. Faites sauter en remuant à l'aide d'une cuillère en bois pendant 5 min. Incorporez la tomate, le concentré de tomate, le tamarin et couvrez avec le bouillon puis salez et poivrez. Laissez mijoter à feu très doux pendant 15 min.

- Pendant ce temps, pelez les pommes de terre, coupez-les en 2 et faites-les cuire dans de l'eau bouillante salée pendant 20 min, jusqu'à ce qu'elles soient tendres, puis écrasez-les à l'aide d'un presse-purée ou d'une fourchette. Ajoutez le lait, le sel et la noix muscade.

- Beurrez un plat à four. Incorporez la coriandre à la viande et mettez-la dans le moule. Recouvrez avec la purée de pommes de terre. Badigeonnez avec le reste du beurre fondu et faites cuire au four pendant 45 min à 180 °C. Servez chaud.

PÂTES AU PESTO ET AUX FÈVES

Préparation : 20 min • Cuisson : 19 min • Pour 6 personnes

150 g d'olives noires • 3 gousses d'ail • 1 bouquet de basilic
2 kg de fèves fraîches en cosses ou 1 kg surgelées • 2 filets d'anchois
15 cl d'huile d'olive extra-vierge • le jus d'1 citron
500 g de tagliatelles • 200 g de fromage pecorino râpé
200 g de mozzarella grossièrement râpée • sel, poivre au moulin

- Dénoyautez les olives et coupez-les en 2. Pelez les gousses d'ail et retirez le germe. Ciselez grossièrement le basilic.
- Écossez les fèves et faites-les cuire 12 min dans de l'eau bouillante salée. Égouttez. Retirez les peaux.
- Écrasez les 2/3 des fèves au mortier avec l'ail, l'anchois et les 2/3 du basilic. Salez et poivrez. Fouettez à la fourchette en ajoutant l'huile d'olive en filet. La préparation doit être épaisse. Ajoutez le reste des fèves et le jus de citron. Poivrez.
- Faites cuire les tagliatelles al dente dans de l'eau bouillante salée pendant 7 min (adaptez au temps de cuisson indiqué sur le paquet). Égouttez et incorporez le pesto de fèves et le pecorino râpé.
- Disposez les pâtes dans des bols et parsemez d'olives et de mozzarella, puis du reste de basilic et servez.

Aux fèves et aux asperges

Ébouillantez 300 g de fèves 4 min et retirez leur peau. Faites cuire 1 botte d'asperges à la vapeur et réservez au chaud. Mélangez les légumes et les pâtes, ajoutez 3 c. à s. de crème, 250 g de ricotta et le pesto.

Aux petits pois et à la menthe

Ajoutez à la recette de base 100 g de petits pois blanchis et saupoudrez du parmesan râpé. Remplacez le basilic par de la menthe pour le pesto.

Au poulet, aux tomates et aux fèves

Ajoutez à la recette de base des morceaux de poulet cuit, 50 g de tomates séchées à l'huile, des tomates cerises coupées en 2 et mixez des pignons de pin dans le pesto.

Aux haricots

Mélangez les pâtes à 150 g de haricots verts et 150 g de cocos plats blanchis. Ajoutez des pousses d'épinards et des cerneaux de noix.

Balsamique

Ajoutez à la recette de base 2 échalotes revenues, 1 c. à s. d'origan et 1 c. à c. de vinaigre balsamique. Mélangez aux sardines, aux pâtes, au persil et ajoutez des copeaux de parmesan.

À la sicilienne

Mélangez les pâtes, 1 oignon émincé revenu, des sardines grillées émiettées, 30 g de raisins, 20 g de pignons, 50 g d'amandes effilées, 1 dose de safran et 1 c. à c. de graines de fenouil.

Marinées

Posez sur les pâtes des filets de sardines fraîches marinées à l'huile d'olive et au jus de citron. Servez avec une vinaigrette balsamique, et 2 échalotes, 1 poivron rouge, 50 g d'olives noires et du basilic hachés.

Semoule aux sardines

Prenez 250 g de semoule cuite et 100 g de pois chiches en boîte rincés, ajoutez les sardines, 1 c. à c. de coriandre moulue, 1 c. à c. de curcuma, du piment de Cayenne, 1 c. à s. de ciboulette ciselée.

PÂTES AUX SARDINES

Préparation : 15 min • Cuisson : 4 min • Pour 2 personnes

2 tomates romaines • 1/2 citron • 1/2 bouquet de persil plat
1 petit piment rouge • 1 boîte de sardines à l'huile
2 c. à s. de vinaigre de vin rouge
250 g de tagliatelles fraîches • sel, poivre

- Coupez les tomates en dés. Détachez les quartiers du citron et retirez la peau blanche. Coupez-les en petits morceaux. Ciselez le persil. Émincez le piment.

- Ouvrez la boîte de sardines et versez-la dans un saladier. Incorporez-y le vinaigre, les tomates, le citron, le persil et le piment.

- Faites cuire les tagliatelles al dente dans de l'eau bouillante salée pendant 4 min (adaptez au temps de cuisson indiqué sur le paquet). Égouttez et répartissez les tagliatelles dans 2 assiettes. Répartissez le mélange aux sardines dessus et servez.

PAUPIETTES DE POISSON AU BACON

Préparation : 30 min • Cuisson : 18 min • Pour 4 personnes

8 filets de poisson ferme de votre choix
8 tranches de bacon sans couenne • 300 g de pousses d'épinards
20 g de beurre • 2 gousses d'ail écrasées • 1 pincée de noix muscade
le jus d'1 citron • sel, poivre

- Salez et poivrez les 2 côtés des filets de poisson. Enroulez le bacon autour de chaque filet et fermez avec un bâtonnet en bois.
- Préchauffez le four en position gril.
- Placez le poisson sur une plaque de cuisson, et faites cuire sous le gril chaud pendant 5 min de chaque côté jusqu'à ce que le bacon soit croustillant.
- Faites cuire les épinards à la vapeur pendant 12 min.
- Faites fondre le beurre dans une casserole et faites revenir l'ail pendant 1 min. Ajoutez les épinards, la noix muscade et le jus de citron. Salez et poivrez. Mélangez.
- Répartissez les épinards dans 4 assiettes. Déposez 2 paupiettes de poisson sur chaque assiette et servez rapidement.

Aux pommes

Servez avec des quartiers de pommes acidulées dorées au beurre et parsemez de cerfeuil.

À la moutarde

Badigeonnez les filets de moutarde et enroulez-les dans le bacon. Enfournez. Faites revenir au beurre 1 oignon et 1 carotte émincés dans une casserole. Ajoutez 5 cl de vin blanc, réduisez, ajoutez 10 cl de fumet de poisson et 20 cl de crème. Nappez les filets de cette sauce.

Au curry

Faites dorer 1 oignon et 8 champignons émincés. Ajoutez 1 c. à c. de curry, 15 cl de vin blanc et les filets enroulés de bacon, réduisez.

Aux pruneaux

Disposez 1 pruneau sur chaque filet de colin poivré, roulez le poisson et entourez-le d'1 tranche de bacon. Placez dans un plat avec 2 tomates et 2 échalotes coupées en dés. Versez 10 cl de vin blanc et parsemez d'herbes de Provence. Enfournez 1 h.

PENNE AU SAUMON ET AUX ASPERGES

Préparation : 15 min • Cuisson : 14 min • Pour 2 personnes

200 g de filet de saumon sans peau • 100 g d'asperges vertes
200 g de penne • le jus et le zeste d'1/2 citron
2 c. à s. de sauce hollandaise • 70 g de parmesan râpé • sel, poivre

- Coupez le filet de saumon en dés. Coupez les asperges en tronçons de 3 cm.

- Faites cuire les pâtes dans de l'eau bouillante salée pendant 9 min (adaptez au temps de cuisson indiqué sur le paquet). Faites pocher les asperges pendant 8 min dans une casserole d'eau bouillante salée. Ajoutez les dés de saumon pour les 4 dernières min de cuisson.

- Pendant ce temps, mélangez le jus de citron, les zestes et la sauce hollandaise dans un saladier. Poivrez.

- Égouttez le saumon et les asperges et incorporez-les à la sauce. Égouttez les pâtes et versez-les dans le saladier. Mélangez délicatement. Rectifiez l'assaisonnement et servez parsemé de parmesan râpé.

Gratiné

Mélangez les pâtes dans un plat avec le saumon et les asperges blanchies. Versez 3 œufs battus avec 20 cl de crème, 1 pincée de poivre et 1 pincée de noix muscade. Parsemez de mozzarella râpée et enfournez 30 min à 180 °C.

Au pamplemousse

Faites revenir 1 échalote émincée et des pointes d'asperges. Ajoutez les zestes et le jus d'1/2 pamplemousse rose, 2 c. à s. de mascarpone, de la ciboulette ciselée et les pâtes, le saumon fumé et le parmesan râpé.

Aux champignons

Faites revenir 2 pavés de saumon en dés marinés avec 2 échalotes hachées, 10 cl de bouillon et le jus d'1 citron. Ajoutez les pâtes, des pointes d'asperges, 200 g de champignons émincés et la marinade. Réduisez.

Aux courgettes

Remplacez les pointes d'asperges par des lamelles de courgettes, parsemez de pecorino et d'aneth.

PINTADE RÔTIE AUX ÉPICES

Préparation : 25 min • Cuisson : environ 1 h • Pour 6 à 8 personnes

1 oignon • 1 c. à s. d'huile • 250 g de filet de porc haché
100 g de foie gras cuit • 1 œuf • 5 tranches de pain d'épice
2 c. à s. de miel • 3 cl de cognac • 1/2 c. à c. de cannelle
1/2 c. à c. de 4-épices • 50 g de pignons de pin
50 g de figues séchées • 50 g d'abricots secs
1 pintade fermière vidée d'environ 1,2 kg • sel, poivre

- Préchauffez le four à 220 °C.
- Pelez et émincez l'oignon. Faites-le revenir dans un peu d'huile.
- Mélangez le porc haché avec l'oignon et le foie gras émincé. Ajoutez l'œuf battu, le pain d'épice émietté, le miel, le cognac, les épices et les fruits secs émincés.
- Garnissez la pintade avec cette farce. Ficelez-la. Badigeonnez-la d'un peu d'huile. Salez et poivrez.
- Faites cuire la pintade au four pendant 1 h. Arrosez-la avec son jus de cuisson.
- Servez chaud, avec des pommes cuites émincées en lamelles.
- Comptez 25 min de cuisson par 500 g, plus 10 min supplémentaire si la pintade est farcie.

À la poire

Farcissez de poires en dés et de romarin la pintade badigeonnée de 1 c. à c. de coriandre, de cumin et de poivre en grains. Arrosez de bouillon de volaille. Enfournez.

Aux foies de volaille

Ajoutez à la farce de la recette à la poire 2 foies de volaille et servez avec des cèpes revenus avec 3 échalotes et du persil.

À l'ananas

Farcissez la pintade avec des dés d'ananas mélangés avec 2 petits suisses et 1 oignon émincé. Salez et poivrez. Enfournez 30 min. Ajoutez des tranches d'ananas autour, laissez cuire encore 20 min. Parsemez de coriandre ciselée.

Au chou rouge

Enfournez la pintade 45 min puis ajoutez tout autour du chou rouge blanchi et des noisettes de beurre. Salez et poivrez. Servez avec des châtaignes.

PIZZA À L'AIL ET AU BROCOLI

Préparation : 20 min • Cuisson : 15 min
Pour 3 pizzas de 23 cm de diamètre

400 g de brocoli • 1 poivron rouge • 3 pâtes à pizza à dérouler
1 c. à s. de purée d'ail • 3 c. à s. d'huile d'olive
1 c. à c. de graines de fenouil • le zeste d'1 citron • 80 g de pignons de pin
200 g de mozzarella égouttée et coupée en tranches • sel, poivre

- Préchauffez le four à 220 °C.
- Séparez le brocoli en petits bouquets et faites-les blanchir dans de l'eau bouillante salée pendant 5 min. Égouttez. Épépinez et émincez le poivron.
- Déroulez les pâtes à pizza sur une plaque de cuisson.
- Mélangez la purée d'ail à 1 c. à s. d'huile d'olive. Salez, poivrez et étalez sur les bases de pizzas.
- Répartissez les brocolis sur les 3 bases et parsemez de graines de fenouil, de zestes de citron et de pignons.
- Placez les tranches de mozzarella par-dessus, salez et poivrez. Faites cuire au four pendant 15 min, jusqu'à ce que les pizzas soient croustillantes et dorées.
- Arrosez d'1 filet d'huile d'olive dès la sortie du four et servez chaud.

Aux raisins secs

Remplacez les pignons par 1 poignée de raisins secs dispersés sur le brocoli.

Au brocoli et au poulet

Étalez une sauce tomate sur la pâte, disposez des blancs de poulet cuit, des champignons de Paris émincés et les bouquets de brocoli revenus à l'huile d'olive avec de l'ail et du persil. Saupoudrez de parmesan. Enfournez.

Bœuf haché au brocoli

Couvrez la pâte de coulis de tomates, ajoutez des rondelles de mozzarella, 1 gousse d'ail hachée, 1 oignon rouge émincé, 200 g de bouquets de brocoli blanchi, 100 g de bœuf haché revenu à l'huile d'olive, 1 branche de romarin. Salez et poivrez. Enfournez.

Aux courgettes

Ajoutez sur la tomate des rondelles de courgette sautées à l'ail et des morceaux de mozzarella. Parsemez d'origan.

Aux tomates cerises

Mixez 4 gousses d'ail, 1 poignée de roquette, 2 c. à s. d'huile d'olive et étalez sur la pâte. Déposez 40 tomates cerises revenues à l'huile d'olive. Salez et poivrez. Enfournez.

Au jambon cru

Répartissez sur la pâte de la mozzarella et les tomates cerises coupées en 2. Salez, poivrez et parsemez d'origan. Enfournez. À la sortie du four, déposez des lamelles de jambon cru et des feuilles de basilic. Arrosez d'1 filet d'huile d'olive.

À la feta, à la tomate et aux lardons

Étalez sur la pâte 20 cl de crème et 200 g de feta émiettée. Disposez des tomates cerises, des lardons rissolés et des olives noires dénoyautées coupées en tranches. Enfournez.

Aux poivrons et à la mimolette

Étalez de la moutarde sur la pâte. Ajoutez des tranches de mimolette, des tomates cerises coupées en 2 et des lanières de poivron grillé. Enfournez.

PIZZA AUX TOMATES ROMAINES

Préparation : 15 min • Cuisson : 40 min • Pour 2 personnes

6 tomates romaines • 3 c. à s. d'huile d'olive • 1 pâte feuilletée à dérouler
1 œuf battu • 300 g de feta • 10 tranches de chorizo
1 bûchette de fromage de chèvre • 2 branches de thym frais
quelques feuilles de roquette fraîche • sel, poivre

- Préchauffez le four à 200 °C.
- Coupez les tomates en 2, placez-les dans un plat à gratin et arrosez-les d'1 filet d'huile d'olive. Salez et poivrez.
- Déroulez la pâte feuilletée sur une plaque de cuisson graissée et brossez-la avec l'œuf battu. Rabattez légèrement les bords de la pâte vers l'intérieur.
- Faites cuire les tomates et la pâte au four en même temps pendant 30 min. Ôtez du four et laissez refroidir.
- Émiettez la feta sur la pâte. Disposez les tranches de chorizo, les tomates et le fromage de chèvre coupé en tranches. Parsemez de feuilles de thym et arrosez d'1 filet d'huile d'olive.
- Faites cuire au four pendant 10 min. Disposez de la roquette fraîche sur la pizza juste avant de servir.

POÊLÉE DE CHORIZO AUX LÉGUMES

Préparation : 3 min • Cuisson : 14 min • Pour 4 personnes

500 g de petites courgettes vertes • 500 g de petites courgettes jaunes
1 oignon rouge • 1 gousse d'ail • 30 g de beurre
150 g de chorizo • 2 c. à s. de ciboulette ciselée
100 g de tomates séchées

- Coupez les courgettes en tranches et faites-les cuire à la vapeur pendant 9 min.

- Pendant ce temps, pelez l'oignon et l'ail et émincez-les. Faites-les revenir dans le beurre à feu doux pendant 3 min, jusqu'à ce qu'ils soient transparents.

- Ajoutez le chorizo tranché, les courgettes et faites sauter pendant 2 min à feu moyen. Incorporez la ciboulette et les tomates séchées. Servez chaud.

Aux crevettes

Faites revenir à l'huile d'olive 3 carottes, 2 poireaux, 2 poivrons rouges et 1 échalote coupés en petits dés. Ajoutez 20 cl de crème et du persil ciselé. Servez avec des crevettes sautées et des tranches de chorizo.

Aux coquillettes

Faites sauter 1 courgette et 1 poivron rouge émincés. Ajoutez des coquillettes cuites, 1/2 c. à c. de safran, 1 pointe de sauce sakari et des dés de chorizo. Poêlez avec du persil ciselé.

Riz au chorizo

Faites griller des tranches de chorizo. Versez 300 g de riz et mélangez. Ajoutez 1 oignon et 1 gousse d'ail hachés, 2 verres d'eau, 1 dose de safran, des lanières de poivron, 20 g de beurre et du parmesan râpé. Laissez cuire 15 min.

Pommes de terre au chorizo

Faites sauter 1 oignon émincé, des dés de chorizo et de pommes de terre, 2 gousses d'ail émincées. Salez et poivrez. Parsemez de persil ciselé.

POISSON FAÇON PIZZA

Préparation : 15 min • Cuisson : 20 min • Pour 4 personnes

4 tomates • 200 g de mozzarella • 1 pâte à pizza à dérouler
4 filets de poisson • 1 c. à c. d'origan • 1 c. à s. d'huile d'olive • sel poivre

- Tranchez les tomates et la mozzarella.
- Déroulez la pâte et découpez 4 rectangles. Posez 1 filet de poisson sur chaque morceau de pâte. Poivrez.
- Couvrez de tranches de tomate et de mozzarella intercalées. Salez, poivrez et parsemez d'origan. Arrosez d'1 filet d'huile d'olive. Faites cuire au four pendant 20 min à 190 °C.

Au thon

Dispersez des miettes de thon au naturel, 2 oignons émincés, 100 g de champignons en lamelles et des olives sur la pâte. Versez de la crème fraîche et parsemez d'origan. Salez et poivrez.

Au saumon et à l'aneth

Disposez des tranches de saumon fumé sur la pâte, étalez de la crème fraîche épaisse, de l'aneth ciselé, des baies roses et du gruyère râpé.

Aux sardines

Enduisez la pâte de coulis de tomate, déposez des filets de sardine, du thym, des olives noires. Enfournez.

Aux crevettes

Faites revenir 1 oignon haché, ajoutez 3 tomates concassées, 1 c. à s. de concentré de tomate, du sel, du poivre, du thym. Étalez sur la pâte et répartissez des filets de poisson pochés et des crevettes décortiquées. Enfournez.

Au chèvre

Faites revenir 1 échalote hachée, la pulpe de 2 tomates, du sel, des herbes et du tabasco. Ajoutez 100 g de riz. Remplissez les poivrons, ajoutez des dés de chèvre. Enfournez.

Au porc

Farcissez les poivrons d'oignons émincés et revenus avec 3 tomates, 500 g de chair à saucisse, de l'ail haché, du persil et 100 g de riz cuit.

À l'agneau

Mélangez 500 g d'agneau haché, 1 oignon émincé, 100 g de riz cuit, 2 gousses d'ail hachées, de la coriandre et du persil ciselés, 1 c. à c. de cumin et 1 c. à c. de piment doux. Farcissez les poivrons. Enfournez.

Aux sardines

Écrasez 4 pommes de terre cuites avec les filets de sardines à l'huile d'olive, le jus d'1 citron, du persil et farcissez les poivrons grillés et pelés. Arrosez d'1 filet de vinaigre balsamique.

POIVRON FARCI

Préparation : 20 min • Cuisson : 33 min • Pour 4 personnes

4 poivrons jaunes • 2 gousses d'ail • 1 oignon • 1/2 poireau
2 petites courgettes • 2 tomates • 300 g de bifteck haché
1 c. à c. d'herbes de Provence • sel, poivre

- Coupez les poivrons en 2 dans la longueur, aux 3/4 de la hauteur. Épépinez-les et taillez les chapeaux en cubes. Émincez l'ail, l'oignon, le poireau et coupez les courgettes et les tomates en dés.

- Faites revenir tous les légumes détaillés dans une grande sauteuse à feu vif pendant 5 min en remuant. Ajoutez la viande et faites sauter encore pendant 3 min. Salez, poivrez et parsemez d'herbes de Provence.

- Salez l'intérieur des poivrons et garnissez-les de farce. Faites cuire au four pendant 25 min à 180 °C.

POT-AU-FEU

Préparation : 20 min • Cuisson : 1 h 30 • Pour 6 personnes

4 poireaux • 6 carottes • 6 pommes de terre • 6 navets
1/2 chou vert • 1 oignon • 4 clous de girofle
1,2 kg de viande de bœuf (joue, macreuse, paleron)
1 bouquet garni • grol sel

- Lavez et coupez chaque poireau en 3. Pelez les carottes, les pommes de terre et les navets. Coupez le chou en 6. Pelez l'oignon et piquez-le des clous de girofle.

- Déposez la viande dans un grand faitout. Ajoutez le bouquet garni, l'oignon et une pincée de gros sel. Couvrez largement d'eau et laissez cuire 2 h à couvert, sur feu moyen, ou 1 h si vous utilisez un autocuiseur.

- À la fin de ce temps, ajoutez les légumes et poursuivez la cuisson pendant 30 min à feu moyen.

Pot-au-feu de canard

Remplacez le bœuf par un canard découpé et ajoutez un chou romanesco, des mini-épis de maïs et des courgettes. Servez avec une vinaigrette à l'huile de noix et aux échalotes.

Viandes variées

Plongez dans l'eau 1 jarret de veau, de la joue de bœuf, 1 morceau de gigot d'agneau raccourci, 1 talon de jambon de Bayonne et 1 os à moelle.

Au chou

Ajoutez aux légumes des pommes de terre, 1/2 chou frisé, 2 gousses d'ail et 5 baies de genièvre.

Aux légumes oubliés

Remplacez les navets par des topinambours, des panais et des rutabagas.

Caramélisé

Badigeonnez les cuisses de poulet d'huile d'olive et de thym. Faites cuire en cocotte 15 min. Ajoutez 2 oignons émincés revenus avec 4 c. à s. de miel, des dés de poivrons verts et 8 tomates séchées.

À la moutarde et à la tequila

Badigeonnez les morceaux de poulet de moutarde et parsemez de thym. Ajoutez 2 gousses d'ail. Salez et poivrez. Arrosez d'1 filet d'huile d'olive et de tequila. Enfournez.

Au citron et au thym

Faites mariner les escalopes 4 h dans le jus et le zeste d'1 citron blanchi, 3 c. à s. d'huile d'olive, 2 gousses d'ail écrasées, 1 pincée de curry et du thym frais. Poêlez, ajoutez la marinade. Réduisez.

Aux herbes

Faites cuire au beurre les escalopes marinées 1 h avec de l'estragon, de la ciboulette et du persil ciselés, 3 échalotes émincées et le jus d'1 citron. Ajoutez 1 c. à c. de moutarde et 25 cl de crème. Salez et poivrez.

POULET AU THYM

Préparation : 5 min • Cuisson : 35 min • Pour 4 personnes

1 oignon • 4 escalopes de poulet
25 cl de champagne ou de vin pétillant • thym frais • sel, poivre

- Préchauffez le four en position gril.
- Pelez l'oignon et coupez-le en tranches. Faites une incision sur le dessus de chaque escalope et insérez une tranche d'oignon dans chacune d'elles. Placez-les dans un plat à gratin. Disséminez le reste de l'oignon dans le plat de cuisson. Versez le champagne sur les escalopes. Salez, poivrez et parsemez de thym.
- Placez le poulet sous le gril pendant 5 min et ôtez-le du four.
- Mettez le four en position normale à 220 °C.
- Retournez les morceaux de poulet et faites-les cuire au four pendant 30 min, en retournant de temps en temps.
- Servez chaud avec du riz.

PURÉE DE PATATES DOUCES

Préparation : 15 min • Cuisson : 20 min • Pour 4 personnes

1 kg de patates douces • 10 cl de lait • 50 g de beurre • sel, poivre

- Pelez les patates douces, coupez-les en morceaux et faites-les cuire pendant 20 min dans de l'eau bouillante salée.
- Pendant ce temps, faites chauffer le lait avec le beurre.
- Égouttez les patates douces et passez-les au moulin à légumes. Incorporez le lait en remuant doucement. Salez et poivrez.
- Servez chaud. Vous pouvez ajouter des baies roses ou une pincée de cumin.

À l'orange

Mixez les patates douces cuites avec 20 cl de crème fraîche et 1 filet d'huile d'olive, 1 pincée de poivre de Cayenne et ajoutez des zestes d'orange et de citron.

Épicée

Écrasez les patates douces cuites avec 3 gousses d'ail cuites et du beurre salé. Ajoutez 1 cm de gingembre frais râpé, 1/2 c. à c. de curcuma, 1/4 c. à c. de coriandre moulue, 1/4 c. à c. de cardamome, 2 pincées de noix muscade, 1 c. à c. de cannelle moulue, du sel et du poivre.

À la coriandre

Écrasez les patates cuites avec 2 œufs entiers, 50 g de beurre, 10 cl de lait, 1 c. à s. de coriandre ciselée, du sel et du poivre.

Moelleuse

Ajoutez à la recette de base 2 c. à s. de miel, 2 c. à s. de crème épaisse, 1/2 c. à c. de thym, 2 c. à c. de paprika et 20 g de beurre.

À la viande hachée

Ajoutez aux légumes 400 g de viande de bœuf hachée revenue avec 1 oignon et de l'ail. Parsemez de basilic ciselé.

Aux asperges

Ajoutez des pointes d'asperges vertes blanchies et des olives noires coupées en fin de cuisson.

Parmesane

Nappez le fond d'un plat à gratin d'huile d'olive, superposez des rondelles de courgettes, d'oignons, d'aubergines, de tomates et des lanières de poivrons. Salez et poivrez. Parsemez d'1/2 c. à c. de thym, de 2 gousses d'ail pressées et de parmesan râpé. Arrosez d'1 filet d'huile d'olive et de 4 c. à s. de vinaigre de vin. Enfournez 40 min à 190 °C.

Sicilienne

Ajoutez 100 g de raisins secs, 100 g d'olives niçoises dénoyautées, 80 g de câpres, de l'origan, de la sauge et en fin de la cuisson, 3 c. à s. de vinaigre balsamique.

RATATOUILLE

Préparation : 15 min • Cuisson : 38 min • Pour 4 personnes

2 gros oignons • 3 gousses d'ail • 6,5 cl d'huile d'olive
2 grosses aubergines • 3 grosses courgettes • 2 poivrons verts
1 boîte de tomates concassées
1 c. à c. d'herbes de Provence séchées • sel, poivre

- Pelez les oignons et émincez-les. Pelez l'ail et pressez-le. Faites revenir dans un peu d'huile les oignons et l'ail à feu moyen pendant 3 min dans une sauteuse, jusqu'à ce qu'ils soient transparents.

- Coupez les aubergines et les courgettes en tranches. Épépinez les poivrons et coupez-les en lamelles. Ajoutez-les à la sauteuse et poursuivez la cuisson pendant 5 min, en remuant à l'aide d'une cuillère en bois.

- Incorporez les tomates, les herbes, le sel et le poivre.

- Couvrez et laissez mijoter à feu doux pendant 30 min. Remuez de temps en temps. Les légumes doivent être tendres mais ils doivent garder leur forme.

- Servez chaud ou froid avec du pain croustillant.

RAVIOLES DE COURGE BUTTERNUT

Préparation : 15 min • Cuisson : 17 min • Pour 4 personnes

250 g de courge butternut • 250 g de pommes de terre • 250 g de ricotta
2 œufs + 1 jaune • 1 pincée de noix muscade • 100 g de pecorino râpé
75 g de farine • 150 g de beurre • 1 c. à s. de feuille de sauge et d'origan
le jus d'1/2 citron • fleur de sel, poivre

- Pelez la courge et les pommes de terre, coupez-les et faites-les cuire à la vapeur pendant 15 min. Réservez.
- Fouettez la ricotta à la fourchette dans un saladier, et incorporez les œufs et le jaune. Écrasez la courge et les pommes de terre à l'aide d'un presse-purée, et versez le tout dans la préparation à la ricotta.
- Ajoutez la noix muscade, assaisonnez et incoporez le pecorino et la farine. Laissez reposer pendant 1 h au frais.
- Versez la préparation dans une poche à douille et formez des petits tronçons de 4 cm.
- Faites cuire les ravioles dans de l'eau bouillante salée pendant 3 min, jusqu'à ce qu'ils remontent à la surface. Égouttez-les et mettez-les dans un saladier. Ajoutez le beurre, les feuilles de sauge et d'origan, le jus de citron et poivrez généreusement. Mélangez délicatement. Servez chaud.

Au potimarron

Remplacez la courge par 250 g de cubes de potimarron cuit à la vapeur. Servez avec du cerfeuil ciselé et du parmesan râpé.

À la courge et aux pommes de terre

Mélangez 400 g de courge, 250 g de pommes de terre cuites, 2 œufs, 500 g de farine, 1 pincée de noix muscade. Salez et poivrez. Formez des gnocchis, faites cuire à l'eau et servez avec de la crème, de la coriandre ciselée et du parmesan.

Aux chanterelles

Faites revenir 1 oignon émincé dans du beurre, ajoutez 500 g de chanterelles. Salez et poivrez. Servez avec les gnocchis et parsemez de ciboulette ciselée et de parmesan râpé.

Sauce aux courgettes

Faites revenir 2 échalotes émincées au beurre et 500 g de courgettes râpées. Ajoutez 10 cl de vin blanc, 2 c. à c. de concentré de tomate. Faites réduire. Ajoutez 20 cl de crème et du parmesan râpé.

RIGATONI À LA COURGE ET AUX NOIX

Préparation : 20 min • Cuisson : 25 min • Pour 4 personnes

1 oignon • 500 g de courge butternut • 1/2 bouquet de coriandre
12,5 cl d'huile d'olive • 15 g de ras al-hanout • 300 g de rigatoni
100 g de cerneaux de noix • 70 g de parmesan râpé • sel, poivre

- Pelez l'oignon et émincez-le. Pelez la courge et coupez-la en cubes. Ciselez la coriandre. Réservez.

- Faites revenir l'oignon dans la moitié de l'huile pendant 3 min, jusqu'à ce qu'ils soient tendres. Ajoutez la courge et poursuivez la cuisson pendant 2 min. Incorporez le ras al-hanout, salez et poivrez. Ajoutez 15 cl d'eau et laissez mijoter à couvert pendant 10 min.

- Pendant ce temps, faites cuire les pâtes selon les instructions du paquet. Concassez grossièrement les noix et faites-les griller à sec dans une poêle antiadhésive pendant 2 min.

- Égouttez les rigatoni et mettez-les dans un saladier. Ajoutez la courge, les noix, la coriandre et mélangez délicatement. Arrosez avec le reste d'huile d'olive. Servez avec du parmesan râpé.

Au Brie, aux noix et aux champignons

Faire revenir 2 gousses d'ail et 250 g de champignons. Ajoutez 10 cl de vin blanc, 2 c. à s. de moutarde, 40 cl de crème, les pâtes cuites, 200 g de brie coupé en dés, des cerneaux de noix, 2 c. à s. de ciboulette ciselée.

Aux asperges et au bleu

Faites revenir les pointes d'asperges blanchies, ajoutez 3 cl de vin blanc et 1/2 c. à c. de paprika. Poivrez. Faites réduire. Ajoutez 5 cl de crème, 50 g de bleu d'Auvergne en dés, des rigatoni al dente, du persil ciselé.

À la carbonara

Mélangez les pâtes cuites, 3 jaunes d'œufs, du parmesan râpé, 1 filet d'huile d'olive, de la crème, 150 g de petits pois et 150 g de lardons blanchis.

À la pancetta et aux pignons

Mélangez aux pâtes cuites 2 gousse d'ail hachées, 4 coeurs d'artichaut émincés, 2 c. à s. d'huile, 4 tranches de pancetta, 8 tomates séchées, du basilic ciselé, des feuilles de roquette, des pignons et des olives noires.

RISOTTO À LA CITROUILLE ET AU MAGRET DE CANARD

Préparation : 5 min • Cuisson : 20 min • Pour 3 personnes

1 oignon • 1 c. à s. d'huile d'olive • 200 g de riz arborio • 5 cl de vin blanc
60 cl de bouillon de légumes • 100 g de purée de potiron
6 tranches de magret de canard séché • sel, poivre

- Pelez et émincez finement l'oignon. Faites-le fondre dans l'huile d'olive à feu doux dans une sauteuse. Ajoutez le riz et remuez jusqu'à ce qu'il devienne légèrement translucide.
- Versez le vin blanc et laissez cuire à feu doux jusqu'à ce qu'il soit absorbé. Ajoutez le bouillon et faites cuire pendant 12 min, jusqu'à son absorption totale.
- Ajoutez la purée de potiron et poursuivez la cuisson pendant 5 min en remuant. Rectifiez l'assaisonnement.
- Servez chaud avec des lamelles de magret de canard séché.

Exotique

Faites revenir 2 échalotes dans 50 g de beurre, ajoutez le potiron coupé en dés, 1 pincée de noix muscade et 1 pincée de cannelle moulue. Ajoutez le riz et le bouillon. Servez parsemé de parmesan râpé et de coriandre avec des magrets de canard fumé.

À la citrouille et aux cèpes

Faites sauter 400 g de cèpes au beurre, puis 1 oignon émincé. Ajoutez le riz, 400 g de citrouille coupée en cubes, du bouillon, du poivre. Saupoudrez de parmesan.

Au safran et au chips de citrouille

Ajoutez 2 c. à c. de safran au riz de la recette de base et servez avec des tranches fines de citrouille frites, égouttées et salées.

Lardons

Remplacez les magrets de canard de la recette de base par 150 g de lardons ajoutés en même temps que le vin blanc.

RISOTTO AUX FÈVES ET AU BACON

Préparation : 10 min • Cuisson : 20 min • Pour 6 personnes

1 gros oignon • 1 bouquet de persil plat • 150 g de beurre
60 g de bacon ou de pancetta tranchée et émincée • 300 g de riz arborio
1 kg de fèves surgelées • 500 g de petits pois surgelés
1,8 l de bouillon de poulet • 100 g de parmesan râpé • sel, poivre

- Pelez l'oignon et émincez-le. Ciselez le persil.
- Faites fondre la moitié du beurre dans une casserole et faites-y dorer l'oignon et le bacon à feu doux.
- Ajoutez le riz et faites sauter de 2 à 3 min, jusqu'à ce que le riz soit entièrement enrobé de beurre. Ajoutez les fèves, les petits pois et mélangez.
- Ajoutez un peu de bouillon chaud, remuez jusqu'à ce qu'il soit totalement absorbé. Ajoutez le reste du bouillon, toujours par petites quantités. Salez et poivrez.
- Incorporez le reste de beurre, le persil et le parmesan. Servez immédiatement.

Aux fèves et aux pois gourmands

Faites revenir à l'huile d'olive 100 g de fèves avec 100 g de pois gourmands blanchis et 1 oignon émincé. Ajoutez le riz et le bouillon. Une fois le riz cuit, parsemez de parmesan et d'aneth ciselé.

Aux courgettes, aux girolles et au bacon

Ajoutez au riz 350 g de girolles revenues à l'ail et 3 courgettes coupées en rondelles et sautées à l'huile d'olive. Une fois le riz cuit, ajoutez le bacon frit.

À l'avocat et au bacon

Faites revenir 1 oignon et 2 gousses d'ail hachés. Ajoutez le riz, mouillez avec le vin blanc et le bouillon. Une fois cuit, ajoutez 15 cl de crème, des dés de tomate et d'avocat. Servez avec du parmesan râpé et des tranches de bacon grillé.

Au brocoli et au bacon

Ajoutez au riz et au bacon des bouquets de brocoli blanchis et parsemez d'amandes effilées grillées à sec.

RISOTTO AUX TOMATES CERISES

Préparation : 20 min • Cuisson : 30 min • Pour 4 personnes

1 oignon • 1 c. à s. d'huile d'olive • 300 g de riz arborio
10 cl de vin blanc sec • 1 l de bouillon de volaille • 1/2 c. à c. de paprika
1/2 bouquet de persil • 250 g de tomates cerises • 5 cl de crème fraîche
75 g de parmesan râpé • sel, poivre

- Pelez l'oignon et émincez-le. Faites-le fondre avec l'huile d'olive dans une sauteuse. Ajoutez le riz et laissez cuire de 2 à 3 min.
- Ajoutez le vin blanc, portez à ébullition et laissez cuire jusqu'à réduction complète du liquide.
- Versez une louche de bouillon et laissez cuire jusqu'à ce qu'elle soit évaporée. Continuez ainsi avec le reste du bouillon, ajoutez-le petit à petit. Ajoutez le paprika, le persil ciselé et les tomates cerises coupées en 2.
- Après 15 à 20 min de cuisson, le risotto doit être crémeux, avec des grains encore un peu fermes. Incorporez la crème et le parmesan. Salez et poivrez. Servez chaud.

Aux tomates et au chorizo

Faites revenir 2 échalotes. Ajoutez des tomates cerises, le riz et mouillez avec le bouillon. En fin de cuisson, ajoutez 3 c. à s. de ricotta émiettée, des tranches de chorizo grillé, du parmesan râpé et 1 c. à s. de basilic ciselé.

Au thon et à la tomate

À la fin de la cuisson du riz, ajoutez des tomates cerises, 1 c. à c. d'origan et 200 g de thon au naturel grossièrement émietté.

Aux tomates séchées et à la mozzarella

Ajoutez des tomates séchées coupées à la recette de base et, en fin de cuisson, 2 c. à s. de concentré de tomate et 1 boule de mozzarella en morceaux.

Aux tomates et au poulet

Avec le vin blanc et le bouillon, ajoutez dans le riz et les oignons 2 pincées de safran. Ajoutez des lanières de poulet doré et cuit avec les tomates, 1 noix de beurre salé, des olives noires en tranches, du parmesan râpé.

RIZ BASMATI À LA PISTACHE

Préparation : 10 min • Cuisson : 30 min • Pour 4 personnes

1 oignon • 2 c. à s. d'huile • 250 g de riz basmati
1/2 c. à c. de chaque épice : cannelle, curcuma, cumin et piment
10 cl de lait de coco • 120 g de pistaches décortiquées
1 c. à s. de jus de citron • sel, poivre

- Pelez et émincez l'oignon. Faites-le revenir dans une poêle avec un peu d'huile.

- Ajoutez le riz, les épices et laissez revenir pendant quelques minutes à feu doux, en veillant à ce que le riz ne se colore pas.

- Ajoutez 50 cl d'eau bouillante, le lait de coco et laissez mijoter pendant 20 min à couvert. Salez et poivrez. Mélangez de temps en temps à l'aide d'une cuillère en bois.

- Concassez les pistaches. Incorporez-les au riz avec le jus de citron et servez chaud.

Aux noix de cajou

Remplacez les pistaches par des noix de cajou.

Aux fruits secs

Faites dorer 1 oignon émincé, ajoutez le riz, 75 g de pistaches, 50 g de noisettes, 50 g de raisins secs, 50 cl de bouillon de volaille, 1 feuille de laurier, et des fines herbes. Salez et poivrez.

À l'orientale

Faites dorer des aiguillettes de poulet, ajoutez 25 cl de crème fraîche, 1 c. à s. de curry, 200 g de riz basmati cuit, 1 c. à c. de curcuma, des dés d'ananas poêlés au beurre, des raisins secs et 1 pincée de cannelle.

Au piment

Imbibez le riz rincé de 50 g de beurre fondu, ajoutez 1 piment vert et l oignon émincés, 15 cl de bouillon, 2 clous de girofle, 1 pincée de piment fort, des graines de cardamome et du cerfeuil ciselé.

SAINT-JACQUES AU LAIT DE COCO

Préparation : 2 min • Cuisson : 3 min • Pour 4 personnes

20 cl de lait de coco • le zeste d'1 citron vert • 1/2 c. à c. de gingembre moulu • 1 c. à s. d'huile • 12 noix de saint-jacques 1 c. à c. de baies roses • quelques pluches de cerfeuil • sel

- Portez le lait de coco à ébullition avec le zeste de citron et le gingembre. Ôtez du feu et laissez infuser pendant 10 min.

- Faites chauffer 1 filet d'huile dans une poêle. Faites-y revenir les noix de saint-jacques à feu vif pendant 1 min de chaque côté. Ajoutez la sauce au lait de coco, salez et laissez chauffer pendant 1 min.

- Déposez les noix de saint-jacques dans des assiettes individuelles. Répartissez la sauce, décorez de baies roses, de cerfeuil et servez chaud.

Épicées

Faites sauter les saint-jacques à l'huile d'olive. Ajoutez 1 c. à c. de curry, du gingembre râpé, 1 c. à c. de 4-épices et 1 c. à c. de purée de piment rouge. Versez le lait de coco et 20 cl de crème. Réduisez.

Au curry

Faites fondre 5 échalotes et 2 gousses d'ail dans 20 g de beurre. Ajoutez les saint-jacques et 10 cl de vin blanc, réduisez. Ajoutez 1 c. à c. de fécule diluée dans du lait de coco et 1 c. à c. de curry.

À la cardamome

Faites revenir les saint-jacques à l'huile de pépins de raisins. Ajoutez 15 cl de lait de coco fouetté avec 1 c. à c. de piment d'Espelette, le jus d'1 citron vert, 1/2 c. à c. de curcuma et 2 graines de cardamome.

Aux poireaux

Faites revenir les saint-jasques avec 2 échalotes dans l'huile d'olive. Ajoutez 50 cl de vin blanc. Salez. Réduisez. Ajoutez 3 blancs de poireaux confits au beurre salé et 5 cl de crème.

SALTIMBOCCA

Préparation : 20 mn • Cuisson : 6 min • Pour 4 personnes

4 grandes tranches fines de rôti de veau
4 tranches de jambon de Parme • 8 feuilles de sauge fraîche
30 g de farine • 2 c. à s. d'huile d'olive et 15 g de beurre pour la cuisson
10 cl de vin blanc sec • le jus d'1/2 citron • sel, poivre

- Coupez les tranches de veau et de jambon en 2. Superposez 1 morceau de veau, 1 tranche de jambon et 1 feuille de sauge. Maintenez le tout ensemble à l'aide d'un bâtonnet en bois. Réalisez ainsi 8 saltimbocca. Farinez-les légèrement.

- Faites fondre l'huile et le beurre dans une large poêle. Saisissez les saltimbocca pendant 2 min de chaque côté puis baissez le feu. Déglacez avec le vin blanc et ajoutez le jus de citron. Salez et poivrez. Retournez-les pour les enrober de sauce. Laissez cuire pendant 1 min.

- Servez nappé de sauce.

Aux aubergines

Posez 1 feuille de sauge sur chaque escalope dorée, 1 tranche d'aubergine grillée, 1 tranche de mozzarella, du sel et du poivre et faites gratiner 5 min au four.

À la romaine

Posez 1 tranche d'emmenthal et 1 tranche de jambon sur les escalopes. Poivrez. Roulez-les et faites dorer. Servez avec une purée de pommes de terre et du vin rouge.

Avec de la roquette

Ajoutez des feuilles de roquette sur les escalopes couvertes d'1 tranche de jambon et d'1 rondelle de mozzarella. Déglacez au vin blanc et servez avec de la ciboulette ciselée.

Aux poivrons

Assaisonnez les escalopes de piment d'Espelette et tartinez de purée de poivrons. Ajoutez du basilic et 2 lamelles de comté. Roulez, faites revenir à l'huile d'olive, parsemez de cerfeuil ciselé.

SAUCISSES BRAISÉES ET PURÉE D'ÉPINARDS

Préparation : 15 min • Cuisson : 45 min • Pour 4 personnes

8 saucisses de porc • 1 c. à s. d'huile de tournesol • 2 oignons
500 g de pommes de terre • 300 g de pousses d'épinards • 50 g de beurre
10 cl de lait (facultatif) • sel, poivre

- Faites dorer les saucisses à feu moyen pendant 8 min dans une sauteuse avec l'huile, jusqu'à ce qu'elles soient bien grillées et cuites à l'intérieur. Ôtez-les de la poêle et réservez.

- Pelez les oignons et émincez-les. Faites-les fondre à feu doux dans la même sauteuse pendant 3 min. Versez 10 cl d'eau chaude et remettez les saucisses dans la sauteuse. Laissez mijoter pendant 10 min.

- Pelez les pommes de terre. Coupez-les en 2 et faites-les cuire dans une casserole d'eau bouillante salée pendant 20 min, jusqu'à ce qu'elles soient tendres. Ajoutez les épinards et laissez mijoter pendant 3 min encore.

- Égouttez les pommes de terre et les épinards. Écrasez-les au presse-purée. Ajoutez le beurre et un peu de lait si nécessaire. Salez et poivrez. Servez avec les saucisses et la sauce aux oignons.

Purée de céleri

Faites cuire à la vapeur 1 céleri-rave et 2 pommes de terre en dés, écrasez avec 40 g de beurre et de la noix muscade.

Purée forestière

Faites fondre 1 kg d'épinards dans 50 g de beurre, du sel, et du poivre. Ajoutez 250 g de champignons émincés. Couvrez de béchamel, parsemez de muscade et de parmesan râpé. Enfournez 8 min à 180 °C.

Braisées au vin rouge

Faites rissoler les saucisses avec 4 échalotes ciselées. Versez 20 cl de vin rouge, réduisez. Ajoutez 25 cl de bouillon, 1 c. à s. de concentré de tomate et du thym.

Chou braisé

Faites rissoler des morceaux de saucisse de Toulouse, 250 g de lardons et 1 gousse d'ail haché. Ajoutez 1 chou blanchi et émincé, 10 cl de vin blanc, 15 cl de bouillon de volaille, quelques feuilles de sauge. Salez, poivrez, couvrez et laissez compoter.

SAUTÉ D'AUTRUCHE AUX OIGNONS ROUGES

Préparation : 15 min • Cuisson : 8 min • Pour 4 personnes

1 gousse d'ail • 1 petite racine de gingembre • 3 oignons rouges
4 steaks d'autruche • 2 c. à s. de sauce soja • 2 c. à s. de sherry sec
10 g de Maïzena® • 2 c. à s. d'huile de tournesol • 1 branche de romarin

- Pelez l'ail, le gingembre et les oignons rouges et émincez-les.

- Coupez les steaks en lamelles et placez-les dans un saladier. Ajoutez la sauce soja, le sherry, l'ail, le gingembre et la Maïzena®. Mélangez bien et laissez mariner pendant 15 min.

- Faites chauffer l'huile dans une sauteuse. Faites-y fondre l'oignon rouge. Ajoutez ensuite la viande et faites-la cuire à feu vif pendant 2 min de chaque côté.

- Parsemez de romarin frais et ciselé, et servez avec des pâtes ou une purée de pommes de terre.

Aux pommes

Saisissez le sauté d'autruche à la poêle. Salez et poivrez. Réservez. Déglacez avec 5 cl de cognac et ajoutez 4 pommes coupées en cubes. Versez 10 cl de fond de veau. Laissez réduire.

Aux champignons

Faites revenir 1 oignon émincé, ajoutez 1 c. à s. de moutarde, les morceaux d'autruche, 25 cl de fond de veau et 3 c. à c. de cognac. Après 30 min, ajoutez 200 g de champignons.Laissez cuire 5 min

Au vin rouge

Faites dorer la viande, ajoutez 1 oignon et 2 gousses d'ail hachés, du sel, du poivre, du thym et du basilic. Versez 30 cl de vin rouge. Après 30 min, ajoutez 2 citrons coupés en dés et 100 g d'olives vertes. Laissez cuire 5 min.

Au porto

Faites revenir les pavés d'autruche émincés. Poivrez. Ajoutez 8 cl de porto et faites flamber. Ajoutez du fond de veau et 5 cl de crème fraîche.

SAUTÉ DE POULET AUX CHAYOTTES

Préparation : 15 min • Cuisson : 30 min • Pour 4 personnes

500 g de blancs de poulet • 1 gros oignon blanc • 2 petites chayottes
2 c. à s. d'huile • 1 cube de bouillon de volaille • 1 c. à c. de curry
1/2 c. à c. de curcuma • sel, poivre

- Détaillez les blancs de poulet en morceaux. Pelez et émincez l'oignon. Coupez les chayottes en 2, ôtez le cœur et coupez-les en cubes.

- Faites revenir le poulet pendant 5 min avec l'huile dans une poêle chaude, jusqu'à ce qu'il soit bien doré. Ajoutez l'oignon, les chayottes et poursuivez la cuisson pendant 5 min en remuant.

- Couvrez le mélange d'eau, ajoutez le cube de bouillon, les épices et portez à ébullition. Salez et poivrez. Laissez mijoter à feu doux et à couvert pendant 20 min.

- Servez chaud, avec du riz ou de la semoule.

Aux carottes et au gingembre

Faites mariner le poulet dans 2 c. à s. de sauce soja, 2 c. à s. de vinaigre balsamique, 1 c. à s. d'huile de sésame, 1 c. à c. de gingembre frais, 2 gousses d'ail écrasées. Faites revenir 3 carottes en dés, ajoutez le poulet et sa marinade.

Aux pommes de terre

Faites dorer des rondelles de pommes de terre nouvelles cuites à la vapeur, ajoutez les dés de poulet, 200 g de lardons rissolés et du thym.

Sauté au cidre

Faites dorer le poulet coupé en dés avec 2 échalotes et parsemez de thym. Salez et poivrez. Versez 50 cl de cidre brut, faites réduire. Ajoutez 2 c. à s. de crème en fin de cuisson.

Purée aux 2 pommes

Ecrasez 6 pommes de terre et 2 pommes vertes pelées et cuites, ajoutez 2 c. à s. de crème fraîche, 30 g de beurre salé, du sel et du poivre.

Tandoori

Faites mariner les cubes de saumon dans un mélange d'épices tandoori, de jus de citron, d'1 gousse d'ail et d'1 échalote hachées et de 2 c. à s. d'huile d'arachide. Faites cuire, servez avec de la coriandre.

Au citron

Faites revenir le poisson avec des rondelles de citron, 2 tomates en dés et 1 poivron vert en lanières. Salez et poivrez.

À l'ananas

Faites revenir 1 oignon rouge, 2 poivrons (1 vert, 1 orange) et 50 g de maïs. Ajoutez le saumon poudré de paprika, des dés 'ananas et 50 g de germes de soja. Nappez d'1 c. à s. de ketchup dilué dans 1 c. à s. de sauce soja et 1 c. à s. de vinaigre de xérès.

Au soja et au gingembre

Faites dorer des lamelles de gingembre frais, ajoutez les dés de saumon, 200 g de pousses de soja. Versez 1 filet de sauce soja, parsemez de la ciboulette.

SAUTÉ DE SAUMON AUX LÉGUMES

Préparation : 15 min • Cuisson : 15 min • Pour 4 personnes

400 g de filets de saumon • 1/2 bouquet de coriandre
2 bâtonnets de verveine • 200 g de champignons de Paris
1 poivron rouge • 1 c. à s. d'écorce de citron vert confit
2 c. à s. d'huile de tournesol • 150 g de brocoli surgelé en fleurettes
150 g de pois mange-tout • sel

- Coupez les filets de saumon en cubes. Ciselez la coriandre et la verveine. Coupez les champignons en 2, épépinez et coupez le poivron en morceaux. Émincez l'écorce de citron vert.

- Faites sauter le saumon dans un wok dans 1 c. à s. d'huile pendant 3 min et ôtez-le du wok.

- Faites sauter les légumes à feu doux dans le reste d'huile pendant 10 min. Ajoutez le saumon. Salez. Poursuivez la cuisson pendant 2 min. Incorporez les citrons verts confits et la coriandre. Servez avec des nouilles chinoises et de la sauce soja.

STEAK DE CALAMAR À LA SKORDALIA

Préparation : 20 min • Cuisson : 28 min • Pour 4 personnes

12 cl de jus de citron • 12 cl d'huile d'olive • 8 steaks de calamar

Pour la purée skordalia : *600 g de pommes de terre*
5 gousses d'ail pelées • 100 g d'amandes en poudre
15 cl d'huile d'olive • 15 cl de lait entier
3 c. à s. de vinaigre de vin rouge • sel, poivre

- Mélangez le jus de citron et l'huile d'olive dans un plat. Placez les steaks de calamar dans le plat, enrobez-les de la préparation et laissez-les mariner pendant 30 min.

- Pelez les pommes de terre et coupez-les en 2. Faites-les cuire dans une casserole d'eau bouillante salée pendant 20 min. Passez-les au presse-purée.

- Écrasez l'ail avec un peu de sel dans un mortier jusqu'à obtention d'une pâte. Incorporez cette pâte et la poudre d'amandes à la purée. Ajoutez l'huile d'olive, le lait et le vinaigre. Salez, poivrez et mélangez. Réservez au chaud.

- Salez et poivrez les steaks. Faites-les cuire pendant 4 min de chaque côté dans une poêle à feu moyen.

- Servez 2 steaks par personne accompagnés de la purée skordalia. Vous pouvez agrémenter ce plat d'un peu de laitue iceberg, de haricots verts et de quartiers de citron.

Pimenté, au basilic

Faites sauter les calamars avec 1 gousse d'ail, 2 échalotes et 3 piments hachés. Ajoutez 150 g de petits pois blanchis, 1 c. à s. de nuoc-mâm, 2 c. à s. de sauced'huître, 2 c. à c. de sucre et du basilic ciselé.

Au cognac

Ajoutez 1 boîte de tomates pelées et du piment d'Espelette aux calamars sautés à l'ail et à l'huile d'olive. Salez et poivrez. Réduisez, ajoutez 4 c. à s. de crème, 4 c. à s. de cognac.

Aux poivrons et aux artichauts

Servez les calamars avec des poivrons rouges, des artichauts violets émincés et revenus avec 1 tomate en dés, 1 gousse d'ail et des olives noires. Salez et poivrez.

Au safran

Faites revenir 3 oignons émincés, 2 poivrons oranges en lanières dans 1 c. à s. d'huile d'olive. Ajoutez les calamars, faites sauter, parsemez de coriandre et de safran.

STEAK GRILLÉ

Préparation : 5 min • Cuisson : 4 min • Pour 4 personnes

1 gousse d'ail • 1 échalote • 1/2 bouquet de persil plat
50 g de beurre amolli • 4 steaks de bœuf

- Pelez la gousse d'ail et pressez-la. Pelez l'échalote et émincez-la. Ciselez le persil. Incorporez-les au beurre amolli en mélangeant à l'aide d'une fourchette. Déposez le beurre dans du film alimentaire et formez un rouleau. Réservez au frais pendant 1 h, jusqu'à ce qu'il durcisse.

- Faites griller les steaks dans une poêle antiadhésive pendant 2 min sur chaque face. Salez et poivrez. Déposez 1 tranche de beurre persillé sur chaque steak. Servez avec des frites et 1 poignée de mâche.

Aux courgettes

Servez les steaks grillés avec des dés de courgette et de tomates revenus avec de l'ail, 2 oignons rouges, de l'origan, du poivre. Parsemez des copeaux de parmesan.

Aux poivrons

Tartinez les steaks de beurre mélangé à 1 c. à s. de persil, du poivre. Disposez-les dans un plat avec des poivrons confits. Arrosez de caramel, de vinaigre balsamique. Enfournez 20 min sous le gril.

Au roquefort

Versez 15 cl de crème liquide chauffée avec 50 g de roquefort écrasé sur les steaks grillés. Parsemez de persil ciselé. Poivrez, servez avec des patates douces.

À l'italienne

Écrasez 1 gousse d'ail avec 1 c. à c. d'huile d'olive, 1/2 c. à c. d'origan et du poivre. Badigeonnez les steaks, faites cuire sous le gril. Servez avec de la roquette et de l'aïoli.

Au concombre et à l'avocat

Déposez des lamelles d'avocat et de concombre, 1 filet de mayonnaise mélangée à 1 c. à c. de wasabi et 1 morceau de thon sur les quenelles de riz.

Au sésame

Ajoutez au riz des graines de sésame grillées à sec et faites griller le saumon avant de l'ajouter.

Surimi et œufs brouillés

Battez 2 œufs en omelette avec 1 c. à s. de sauce soja et 1/2 c. à c. de sucre. Fouettez au bain-marie, ajoutez 2 bâtons de surimi émincés et 1 c. à s. de ciboulette ciselée. Ajoutez 1 c.à s. d'œufs sur le riz.

Au maquereau

Faites mariner des filets de maquereau ou de daurade dans 4 c. à s. de vinaigre de riz blanc, 2 c. à c. de sucre et 1 c. à c. de sel.

SUSHIS AU SAUMON, AU THON ET AUX CREVETTES

Préparation : 30 min • Cuisson : 15 min • Pour 10 personnes

300 g de riz rond japonais • 4 c. à s. de vinaigre de riz
2 c. à s. de sucre • 1/2 c. à s. de sel

***Pour les sushis** : 500 g de filets de poisson (saumon, thon blanc), de crevettes, de poulpe cuit • sauce soja • sauce wasabi*

- Rincez le riz à grande eau. Mettez-le dans une casserole avec 30 cl d'eau froide. Portez à ébullition et laissez cuire à couvert pendant 5 min. Poursuivez la cuisson à feu doux pendant 10 min, toujours à couvert. Laissez reposer pendant 10 min après avoir retiré le couvercle.

- Pendant ce temps, portez le vinaigre à ébullition dans une casserole avec le sucre et le sel. Éteignez le feu et mélangez jusqu'à complète dissolution du sucre.

- Versez le riz dans un saladier. Arrosez-le avec la préparation vinaigrée et remuez délicatement, sans écraser les grains. Laissez tiédir. Formez des quenelles et déposez-les dans un plat.

- Coupez les filets de poisson en tranches de 5 mm d'épaisseur. Recouvrez chaque quenelle d'une tranche de poisson, d'une crevette ou d'un morceau de poulpe et pressez doucement avec les doigts pour faire adhérer.

- Servez froid avec de la sauce soja et du wasabi.

ETTE TAPERT AND DIANA EDKINS

TAGLIATELLES AUX ŒUFS DE CAPELAN

Préparation : 20 min • Cuisson : 10 min • Pour 4 personne

300 g de tagliatelles • 200 g de petits pois surgelés
3 gousses d'ail • 1/2 piment • 1/2 bouquet de persil • 2 c. à s. d'huile
le jus d'1/2 citron • 2 c. à c. de zeste de citron
120 g d'œufs de capelan + 4 c. à c. pour servir • 4 brins d'aneth

- Faites cuire les pâtes dans une grande casserole d'eau bouillante salée (adaptez au temps de cuisson indiqué sur le paquet). Ajoutez les petits pois pour les 4 dernières minutes de cuisson.

- Pelez et émincez l'ail. Épépinez et émincez le piment. Ciselez le persil.

- Mélangez l'huile, l'ail, le piment, le jus et le zeste de citron, le persil et les œufs de capelan dans un bol.

- Égouttez les pâtes et incorporez-leur le mélange précédent. Servez dans des bols, déposez 1 c. à c. d'œufs de capelan et décorez d'un brin d'aneth. Accompagnez d'une salade verte.

Au cognac

Faites revenir 3 échalotes hachées, versez 10 cl de cognac, 50 cl de crème, du sel et du poivre, laissez réduire et nappez les pâtes. Parsemez d'œufs de saumon et d'aneth ciselé.

Au pesto de citron

Râpez les zestes de 2 citrons, ajoutez 60 g de poudre d'amandes, 80 g de parmesan râpé, 200 g de mascarpone, le jus de 2 citrons, de l'huile d'olive et du sel. Mélangez aux pâtes, ajoutez des œufs de capelan et de la ciboulette.

Aux 2 saumons

Ajoutez aux pâtes des œufs de saumon et 300 g de filet de saumon frais cru, coupé en dés. Versez 20 cl de crème chauffée et aromatisée aux zestes de citron. Parsemez de cerfeuil.

Aux œufs de lump

Ajoutez 2 c. à s. d'oeufs de lump noirs et parsemez de ciboulette.

Aux courgettes et au cumin

Dans une terrine, alternez les filets de maquereaux grillés au four avec de l'huile d'olive et des lanières de courgette revenues à l'ail et du cumin.

À la grecque

Alternez des filets de harengs et de maquereaux. Arrosez de vin blanc. Ajoutez du persil haché, 1 oignon haché, de l'ail, du poivre, des olives noires dénoyautées, et des rondelles de citron. Enfournez 20 min.

Aux câpres

Faites tiédir 10 cl de coulis de tomates, ajoutez 5 feuilles de gélatine amollie, des câpres, et la chair émiettée de 3 maquereaux pochés. Versez dans une terrine, réservez au frais.

En rillettes

Faites réduire 20 cl de vin blanc, 40 cl de crème épaisse, 1/2 c. à c. de curry, du sel, du poivre, le maquereau poché et écrasé. Placez la terrine au frais.

TERRINE DE MAQUEREAUX

Préparation : 20 min • Cuisson : 30 min • Pour 6 personnes

1 bouquet de persil plat • 1 bouquet de coriandre
800 g de filets de maquereaux • 2 œufs • 35 cl de crème liquide
5 cl de vin blanc • 2 boîte de sardines à l'escabèche
sel, poivre du moulin

- Préchauffez le four à 180 °C.
- Ciselez le persil et la coriandre.
- Disposez 1 couche de filet de maquereau au fond d'une terrine large. Poivrez et saupoudrez de persil et de coriandre. Procédez ainsi jusqu'à épuisement des ingrédients.
- Fouettez les œufs avec la crème et le vin blanc. Salez et poivrez. Versez sur les maquereaux. Enfournez pour 30 min. Laissez refroidir.
- Servez frais avec les sardines à l'escabèche et une salade verte.

TIAN DE COURGETTES AUX POIVRONS

Préparation : 20 min • Cuisson : 25 min • Pour 4 personnes

4 poivrons rouges • 400 g de petites courgettes • 2 c. à s. d'huile d'olive
1/2 bouquet de menthe fraîche • 2 tranches de pain de mie
150 g de feta • sel, poivre

Pour la sauce : *3 c. à s. de vinaigre balsamique*
5 c. à s. d'huile d'olive • 1/2 c. à s. de moutarde de Dijon
1/2 c. à s. de sucre • sel, poivre

- Préchauffez le four en position gril.
- Coupez les poivrons en 2 et épépinez-les. Disposez-les sur une plaque allant au four, côté peau sur le dessus et faites-les griller pendant 5 min, jusqu'à ce que la peau noircisse. Ôtez-les du four et mettez-les dans un sac en plastique pendant 3 min. Pelez-les et coupez-les en morceaux.
- Coupez les courgettes en 2 dans le sens de la longueur et en tronçons de 5 cm. Mettez-les dans un plat à four avec l'huile d'olive. Salez et poivrez et faites griller au four pendant 5 min de chaque côté.
- Pendant ce temps, ciselez la menthe, émiettez le pain de mie et la feta.
- Mettez-les légumes dans un saladier avec les poivrons. Salez et poivrez. Fouettez les ingrédients de la sauce dans un bol. Versez-la sur les légumes et mélangez. Versez dans un plat à gratin et répartissez la menthe, la feta et le pain de mie. Faites gratiner au four pendant 10 min, jusqu'à ce que le dessus soit doré.

Aux courgettes et au riz

Faites revenir 2 oignons, 5 courgettes en rondelles et 1 gousse d'ail. Ajoutez 100 g de riz et 25 cl de bouillon. Versez dans un plat, ajoutez 2 œufs battus avec de la crème, de la noix muscade et du parmesan râpé. Enfournez 15 min.

Aux courgettes et au chèvre

Mélangez 5 courgettes râpées, 1 c. à s. de semoule fine, 1 crottin de chèvre, de la menthe ciselée, 2 gousses d'ail hachées et 50 g de pignons. Arrosez d'1 filet d'huile d'olive. Salez et poivrez. Enfournez 25 min.

Tian provençal

Alternez des rondelles d'aubergine, d'oignon rouge, de courgette et de tomate. Parsemez d'ail haché, d'origan et de parmesan.

Aux pommes et au poivron

Alternez des rondelles de pomme de terre frites et des lanières de poivron. Arrosez de vin blanc et parsemez de romarin. Salez et poivrez. Enfournez 30 min.

TIAN DE POULET AU BROCOLI

Préparation : 25 min • Cuisson : 20 min • Pour 4 personnes

400 g de brocoli • 1 poivron jaune • 1 gousse d'ail
600 g de blanc de poulet • 3 c. à s. d'huile d'olive • 1 branche de thym
50 cl de béchamel • 4 c. à s. de parmesan râpé • fleur de sel, poivre

- Préchauffez le four à 190 °C.

- Détaillez le brocoli en petits bouquets et faites-les cuire à la vapeur pendant 12 min. Épépinez le poivron et coupez-le en dés. Pelez la gousse d'ail et émincez-la. Coupez le poulet en lanières.

- Faites revenir dans l'huile le poulet, le poivron et l'ail dans une poêle à feu doux pendant 10 min.

- Huilez un plat à gratin. Déposez le contenu de la poêle et le brocoli. Mélangez délicatement. Parsemez de thym, salez et poivrez. Couvrez de béchamel et saupoudrez de parmesan.

- Faites cuire au four pendant 20 min.

Aux aubergines

Alternez des tranches d'aubergine et de courgette revenues à l'huile d'olive avec les morceaux de poulet et des tranches de tomate. Parsemez d'ail haché, d'origan et de parmesan. Enfournez 30 min.

Au fenouil

Découpez 6 bulbes de fenouil et alternez avec des tranches d'oignon, de tomate et des lanières de poulet. Salez, poivrez. Versez 1 filet d'huile, éparpillez 2 gousses d'ail hachées, des olives noires, 1 c. à c. de graines de fenouil et du gruyère râpé.

À la provençale

Ajoutez des tranches d'oignon rouge et des tranches de feta.

Aux pommes de terre

Alternez des tranches de pommes de terre cuites, de tomate et d'oignon et des lamelles de poulet. Salez et poivrez. Arrosez d'1 filet d'huile d'olive. Parsemez de sel, de poivre, de thym et de copeaux de parmesan.

TOFU AU SATAY

Préparation : 25 min • Cuisson : 30 min • Pour 4 personnes

400 g de tofu • 1 oignon • 3 cm de racine de gingembre
4 brins de persil • 10 cm de concombre • 1 c. à s. d'huile de tournesol
4 c. à s. de sauce soja tamari • 1 c. à s. de sirop de riz
le jus d'1 citron • 12 cl d'eau

***Pour la sauce satay** : 12 cl de beurre de cacahuète*
2 c. à s. de sirop de riz • 1 c. à s. de sauce soja tamari
1 c. à s. de vinaigre de riz • 1/2 c. à s. de gingembre râpé
6 cl d'eau chaude

- Égouttez le tofu, essuyez-le avec du papier absorbant et coupez-le en cubes.

- Pelez l'oignon et émincez-le. Pelez le gingembre et râpez-le. Ciselez le persil. Épépinez le concombre et coupez-le en julienne.

- Faites chauffer l'huile dans une sauteuse et faites fondre l'oignon pendant 3 min, jusqu'à ce qu'il soit transparent, puis ajoutez le gingembre et faites cuire pendant 3 min encore.

- Ajoutez la sauce soja, le sirop de riz, le jus de citron et l'eau. Couvrez et portez à petite ébullition. Ajoutez le tofu et remuez doucement. Couvrez et laissez mijoter pendant 20 min, en tournant les cubes de tofu souvent. Ôtez le couvercle et faites réduire la marinade en remuant doucement jusqu'à ce qu'il n'y ait plus de liquide et que le tofu soit doré et ferme.

- Mixez tous les ingrédients de la sauce et réservez.

- Servez le tofu parsemé de persil avec le concombre et la sauce satay, et accompagné riz.

En brochettes

Faites mariner des cubes de tofu dans 1 c. à s. d'huile d'olive, 2 c. à s. de sauce soja, le jus et le zeste d'1 citron vert, 1 c. à s. de poudre de satay. Embrochez avec des tomates cerise et des champignons.

Sauce coco-satay

Mixez 125 g de cacahuètes grillées, 1 c. à s. de pâte de curry, 3 c. à c. de sucre roux, 1/2 zeste de citron, 15 cl de lait de coco, 1 c. à s. de jus de citron. Servez avec le tofu doré.

Poulet satay

Faites mariner des dés de poulet avec 4 c. à s. de beurre de cacahuètes, 2 c. à s. de miel, 2 c. à s. de sauce soja, 1 gousse d'ail écrasée, 50 g de gingembre râpé, 2 c. à s. de curry, 20 cl de coco et de la coriandre ciselée. Faites revenir, ajoutez 1 c. à c. de purée de piment et 2 c. à s. de nuoc-mâm.

Porc satay

Remplacez le tofu par des cubes de sauté de porc dans la recette de base.

TOFU SAUTÉ AUX LÉGUMES

Préparation : 10 min • Cuisson : 35 min • Pour 2 personnes

200 g de tofu • 1 petit oignon rouge • 1 poivron jaune • 1 courgette
2 petites aubergines • 1 petite carotte • 2 c. à s. d'huile d'olive
quelques branches de thym frais • sel, poivre

- Préchauffez le four à 200 °C.
- Coupez le tofu en cubes. Pelez l'oignon et émincez-le. Épépinez le poivron et coupez-le en morceaux. Coupez la courgette et les aubergines en tranches. Pelez la carotte et coupez-la en lanières.
- Mettez le tofu et les légumes dans un grand plat à gratin, et arrosez d'1 filet d'huile d'olive. Parsemez de thym, salez et poivrez. Faites cuire au four pendant 35 min, jusqu'à ce que les légumes commencent à dorer et soient tendres.

Aux nouilles

Faites revenir 3 carottes, 3 panais et 4 tiges de bok choy détaillés. Versez 10 cl de bouillon, 3 c. à s. de sauce soja, 1 c de gingembre râpé. Ajoutez des nouilles cuites et des dés de tofu sauté.

Pousses de soja

Utilisez de l'huile de sésame, ajoutez 1 poignée de pousses fraîches de soja et des graines de sésame grillées.

Épicé

Ajoutez 1 gousse d'ail hachée, 1/2 c. à c. de graines de coriandre, 1/2 c. à c. de cumin en poudre, 1 c. à c. de sucre, 1 pincée de piment et des feuilles de coriandre fraîche aux légumes.

Au boulgour

Faites sauter le tofu mariné dans 2 c. à s. de jus de citron, 2 c. à s. de sauce soja et 1 gousse d'ail pressée. Ajoutez 2 échalotes revenues avec 100 g de maïs et 500 g de tomates. Salez. Mélangez à 150 g de boulgour cuit. Parsemez de persil et de basilic ciselés.

Jardinière

Faites revenir 300 g de légumes, 100 g de petits pois, 200 g de carottes, 100 g de haricots verts et 2 courgettes coupés en dés et blanchis. Versez les jaunes battus avec 100 g de gruyère râpé et mélangés aux blancs montés en neige. Servez avec du persil.

Aux courgettes et au cumin

Versez les œufs, battus avec de la noix muscade et du cumin, sur des dés de courgettes revenus avec 2 échalotes émincées. Ajoutez des dés de fromage de chèvre et du poivre.

À l'espagnole

Faites sauter des pommes de terre coupées en lamelles. Salez et poivrez, ajoutez 2 oignons émincés. Versez dans les œufs battus et faites cuire à feu doux.

Aux herbes fraîches

Battez les œufs avec de la ciboulette, du cerfeuil et de la coriandre ciselés. Faites cuire dans du beurre salé.

TORTILLA AUX LÉGUMES

Préparation : 10 min • Cuisson : 15 min • Pour 4 personnes

200 g d'asperges vertes • 1 piment doux rouge • 1 petite courgette
1 petite aubergine • 2 c. à s. d'huile • 6 œufs
1 bouquet de ciboulette • sel, poivre

- Faites blanchir les asperges dans de l'eau bouillante salée pendant 10 min.

- Pendant ce temps, épépinez et émincez le piment. Coupez la courgette et l'aubergine en dés. Faites-les revenir à l'huile dans une sauteuse pendant 5 min.

- Fouettez les œufs avec la ciboulette ciselée, du sel et du poivre. Versez sur les légumes dans la sauteuse. Mélangez délicatement et laissez cuire pendant 10 min.

TOURNEDOS SAUCE MADÈRE

Préparation : 15 min • Cuisson : 25 min • Pour 2 personnes

250 g de pommes de terre • 1 gousse de vanille • 5 cl de lait
15 g de beurre • 2 tournedos de bœuf • 10 cl de sauce madère

- Pelez les pommes de terre, coupez-les en cubes et faites-les cuire pendant 20 min dans de l'eau bouillante salée. Égouttez-les et écrasez-les grossièrement avec une fourchette. Fendez la gousse de vanille en deux et récupérez les graines. Incorporez le lait et les grains de vanille à la purée de pommes de terre. Réservez au chaud.

- Faites chauffer une poêle sur feu vif. Déposez 15 g de beurre, les tournedos et laissez-les dorer 3 min sur chaque face pour une cuisson saignante. Pour une cuisson à point, baissez le feu et poursuivez la cuisson de 1 à 2 min selon le goût.

- Retirez les tournedos, déglacez la poêle avec la sauce madère et versez-la sur les tournedos.

- Servez chaud, avec la purée de pommes de terre.

Pommes campagnardes

Servez les pommes de terre avec 200 g de brousse fouettée avec 2 c. à s. de crème, 1 c. à s. de jus de citron, de l'estragon et du persil ciselés, 1 échalote hachée, du sel et du poivre.

Au foie gras

Faites suer 1 échalote émincée. Déglacez avec 10 cl de madère, versez 20 cl de fond de veau et réduisez. Nappez les tournedos grillés et recouverts d'1 tranche de foie gras frais sauté.

Aux champignons

Faites sauter 150 g de champignons et 3 échalotes dans du beurre. Ajoutez 1 c. à c. de farine, 15 cl de madère, 60 cl de bouillon, 1 bouquet garni, du sel et du poivre. Faites réduire.

Au cognac

Faites sauter les tournedos poivrés recto verso. Flambez au Cognac. Réservez. Versez 25 cl de crème dans la poêle 3 c. à s. de sauce tomate et 1 pincée de sel. Faites réduire et nappez.

TOURTE AU POULET ET AU BROCOLI

Préparation : 20 min • Cuisson : 35 min • Pour 6 personnes

*1 oignon • 3 gousses d'ail • 250 g de brocoli • 2 blancs de poulet
250 g de lardons • 15 g de beurre • 50 g de farine
35 cl de bouillon de poulet • 2 feuilles de laurier • 1,5 cl de vinaigre
2 branches de thym frais • 1 pâte feuilletée à dérouler
1 jaune d'œuf • sel, poivre*

- Pelez l'oignon et l'ail et émincez-les. Coupez le brocoli en bouquets et faites-les cuire à la vapeur pendant 5 min.

- Coupez les blancs de poulet en lamelles. Faites-les sauter dans une poêle antiadhésive avec les lardons pendant 6 min en remuant jusqu'à ce qu'ils soient dorés. Ôtez de la poêle et réservez.

- Faites fondre l'oignon et l'ail dans le beurre à feu doux. Ajoutez la farine et mélangez. Mouillez avec le bouillon, ajoutez les feuilles de laurier, le vinaigre, le thym et assaisonnez. Portez à ébullition et remuez jusqu'à ce que la sauce épaississe. Laissez refroidir. Incorporez le poulet, les lardons et le brocoli. Salez et poivrez.

- Préchauffez le four à 200 °C.

- Répartissez la préparation dans des bols en porcelaine ou des plats à four individuels. Couvrez de pâte feuilletée. Dorez au jaune d'œuf battu et faites cuire au four pendant 20 min, jusqu'à ce que la pâte soit dorée.

Au chèvre

Répartissez sur la pâte du brocoli et des blancs de poireaux blanchis, des cubes de poivron rouge grillé et des dés de poulet cuit. Versez 5 œufs battus avec 200 g de brousse, 2 crottins de chèvre râpés, du sel et du poivre. Recouvrez de pâte. Enfournez.

Au curry

Badigeonnez les blancs de poulet d'huile d'olive mélangée à 1 c. à s. de curry fort et battez 2 œufs avec 10 cl de lait de coco pour lier le brocoli et le poulet.

Moutardée

Couvrez le brocoli et les blancs de poulets dorés de crème fraîche mélangée avec 2 c. à s. de moutarde.

Au poulet, aux poireaux et au chorizo

Répartissez 3 blancs de poireaux blanchis et des dés de poulet dorés sur la pâte. Versez 3 oeufs battus avec de la crème, du sel, du poivre et de la noix muscade. Ajoutez des rondelles de chorizo et de mozzarella. Recouvrez de pâte et enfournez.

TOURTE MÉDITERRANÉENNE AU POISSON

Préparation : 20 min • Cuisson : 45 min • Pour 6 personnes

600 g de filets de colin • 1 oignon • 2 gousses d'ail
1 poivron rouge et 1 poivron vert • 3 c. à s. d'huile
1 boîte de tomates pelées concassées • 12,5 cl de vin blanc
4 feuilles de laurier • 1 branche de thym
1 pâte feuilletée à dérouler • 1 jaune d'œuf battu • sel, poivre de Cayenne

- Préchauffez le four à 180 °C.
- Coupez le colin en gros morceaux. Pelez l'oignon et émincez-le. Pelez les gousses d'ail et écrasez-les. Épépinez les poivrons et coupez-les en lanières.
- Faites chauffer l'huile dans une poêle et faites cuire le poisson pendant 5 min en remuant, de façon que les morceaux soient dorés sur toutes les faces. Ôtez du feu et réservez au chaud.
- Ajoutez les oignons, les poivrons et l'ail dans la poêle, et faites sauter pendant 5 min.
- Ajoutez les tomates et le vin. Salez et poivrez. Portez à ébullition et laissez mijoter pendant 5 min.
- Disposez le poisson et les légumes dans un plat à gratin, puis ajoutez les feuilles de laurier et la branche de thym.
- Couvrez de pâte feuilletée, brossez au jaune d'œuf et faites cuire de 30 à 35 min au four, jusqu'à ce que la pâte soit dorée.
- Servez chaud avec une salade verte.

À la morue et au saumon

Prenez 400 g de filet de morue dessalé et 300 g de filet de saumon frais cuits à la vapeur. Ajoutez des tomates séchées et de la ciboulette aux poivrons.

Aux fruits de mer

Ajoutez au poisson des crevettes roses décortiquées, des calamars cuits coupés en rondelles et de la coriandre ciselée.

Au haddock et aux pommes de terre

Mélangez des filets de haddock cuits dans du lait et émiettés,1 oignon et 1 gousse d'ail hachés, 3 c. à s. de crème fraîche, des pommes de terre cuites en lamelles, de la noix muscade. Couvrez de pâte. Enfournez.

Chausson à la brousse et aux anchois

Mélangez 400 g de brousse, du persil, 3 oignons hachés et 150 g de pecorino râpé. Ajoutez 2 œufs battus, 100 g d'anchois, 2 c. à s. de câpres. Versez sur la moitié de la pâte, refermez, enfournez.

TURBOT À LA CRÈME FRAÎCHE

Préparation : 10 min • Cuisson : 19 min • Pour 4 personnes

4 filets de turbot de 125 g chacun • 2 c. à s. d'huile d'olive • 2 échalotes 1/2 piment • 1/2 botte de ciboulette • 1 c. à s. de beurre • 12 cl de vin blanc sec • le jus d'1/2 citron • 20 cl de crème fraîche • sel, poivre

- Salez et poivrez les filets de turbot. Faites chauffer l'huile dans une poêle antiadhésive et faites dorer le poisson pendant 4 min de chaque côté.
- Ôtez de la poêle et laissez reposer sur du papier absorbant.
- Pelez les échalotes et émincez-les. Épépinez le piment et émincez-le. Ciselez la ciboulette.
- Ajoutez le beurre, les échalotes et le piment dans la poêle, et faites fondre pendant 4 min en remuant. Versez le vin dans la poêle et laissez frémir jusqu'à ce que la sauce ait réduit de moitié. Incorporez le jus de citron et la crème fraîche et laissez mijoter pendant 5 min.
- Ajoutez le poisson et réchauffez pendant 3 min. Servez dans les assiettes et parsemez de ciboulette.

Crème de poivron

Pochez les filets de turbot dans 10 cl de vin blanc. Mixez 2 poivrons rouges grillés et pelés, le jus de cuisson, 2 c. à s. de crème et du sel. Versez sur le poisson.

Gratiné

Mélangez au turbot des moules cuites au vin blanc, 2 échalotes. Versez 25 cl de vin blanc, du sel et du poivre. Ajoutez 60 g de beurre fondu avec 1 c. à c. de farine, 1 jaune d'œuf délayé dans 10 cl de crème et du vin blanc. Enfournez 20 min.

Aux girolles

Faites revenir 1 échalote hachée, 600 g de girolles, 1 jus de citron, du sel et du poivre. Servez avec les filets de turbot grillés.

À la béarnaise

Faites bouillir 2 échalotes hachées et de l'estragon ciselé avec 5 cl de vinaigre blanc. Ajoutez 2 jaunes d'œufs, salez et poivrez. Fouettez en ajoutant 100 g de beurre en dés. Nappez les turbots grillés.

VERMICELLE AUX LÉGUMES

Préparation : 20 min • Cuisson : 8 min • Pour 4 personnes

50 g de champignons noirs séchés • 1 oignon • 1 poivron vert ou rouge
1 poireau • 1 cube de bouillon aux épices
300 g de vermicelle de riz • sauce soja

- Faites tremper les champignons noirs dans un bol d'eau froide pendant 10 min.
- Pelez l'oignon et émincez-le. Épépinez le poivron et émincez-le. Émincez le poireau et les champignons.
- Portez 1 l d'eau à ébullition dans une grande casserole et ajoutez le bouillon cube. Remuez pour dissoudre le cube.
- Pendant ce temps, faites revenir les légumes à la poêle pendant 5 min.
- Lorsque l'eau bout, ajoutez le vermicelle de riz et les légumes. Assaisonnez de sel, de poivre et de sauce soja.
- Laissez cuire pendant 3 min. Servez dans des bols.

À la coriandre

Remplacez le poireau par 1 courgette coupée en dés. Ajoutez des graines de sésame et servez avec de la coriandre ciselée.

Au jambon

Faites revenir 1 oignon rouge, 1 poivron rouge et 1 carotte émincés dans un wok. Ajoutez le vermicelle cuit et des dés de jambon.

Aux boulettes

Faites dorer 4 oignons et des boulettes de bœuf haché mélangés à 50 g de pignons, 2 c. à s. de concentré de tomate, 1 c. à c. de cannelle et 1/2 c. à c. de paprika. Ajoutez 1 zeste de citron et 50 cl de coulis de tomates. Après réduction, ajoutez 100 g de vermicelle cuit.

Au crabe

Faites sauter le vermicelle cuit avec 250 g de chair de crabe, 3 c. à s. de lait de coco, 1 c. à s. de curry, 1 c. à s. de nuoc-mâm, 1 c. à c. de purée de piment et de la coriandre ciselée.

À l'anglaise

Recouvrez des escalopes revenues d'1 tranche de jambon et d'1 tranche de gruyère, enfournez pour gratiner. Servez avec de la crème mélangée à 1 c. à s. de ketchup et de sauce Worcestershire.

Au marsala et à la sauge

Posez 1 tranche de mozzarella et 1 feuille de sauge sur les escalopes salées et poivrées. Roulez et maintenez fermé avec un pic en bois, faites-y dorer et déglacez avec 10 cl de marsala.

Panées au roquerfort

Tartinez les escalopes de 100 g de roquefort écrasé avec 30 g de beurre en pommade, farinez-les avant de les rouler dans les jaunes d'œufs, puis dans la chapelure. Faites dorer.

Au lait de coco et aux épices

Faites cuire les escalopes poudrées de safran, de curry, de paprika et de piment doux. Salez et poivrez. Déglacez avec 20 cl de lait de coco. Laissez épaissir.

VITELLO TONNATO

Préparation : 20 min • Cuisson : 1 h • Pour 6 personnes

600 g de rôti de veau • 20 cl d'huile d'olive • 30 cl de fond de veau
1 jaune d'œuf • 20 cl d'huile d'olive • le jus d'1 citron
1 boîte de thon à l'huile de 170 g • 2 filets d'anchois • 4 c. à s. de câpres
100 g d'olives noires • 1 citron • sel, poivre

- Faites dorer le rôti de veau dans une cocotte avec 2 c. à s. d'huile d'olive. Ajoutez le fond de veau, couvrez et laissez mijoter à feu doux pendant 1 h en retournant la viande à mi-cuisson. Ajoutez un peu d'eau en cours de cuisson si nécessaire.

- Laissez refroidir et réservez le jus de cuisson.

- Placez le jaune d'œuf dans un saladier. Salez. Battez au fouet en ajoutant 10 cl d'huile en filet pour obtenir une mayonnaise. Ajoutez la moitié du jus de citron et fouettez de nouveau.

- Placez le thon égoutté dans un robot avec les filets d'anchois, 2 c. à s. de câpres, le jus restant de citron et le reste d'huile d'olive. Poivrez et mixez. Ajoutez 1 c. à s. du jus de viande et incorporez à la la mayonnaise. Réservez au frais.

- Coupez le rôti en tranches fines. Placez-les dans un plat et nappez avec la sauce au thon. Décorez de câpres et d'olives noires. Servez frais, avec des quartiers de citron.

WELSH

Préparation : 5 min • Cuisson : 6 min • Pour 4 personnes

4 tranches de pain de mie • 4 tranches de jambon • 400 g de cheddar
50 cl de bière brune • 1 c. à c. de sauce Worcestershire
1 c. à c. de moutarde

- Faites griller les tranches de pain de mie et déposez-les dans des plats individuels allant au four.
- Déposez 1 tranche de jambon dans chaque plat.
- Râpez le cheddar.
- Faites chauffer la bière avec la sauce Worcestershire et la moutarde. Lorsque la bière bout, ajoutez le cheddar peu à peu. Poursuivez la cuisson sur feu moyen pendant 3 min environ, en mélangeant avec une cuillère en bois, jusqu'à ce que le mélange soit homogène.
- Répartissez ce mélange sur les tranches de jambon.
- Préchauffez le four en position gril.
- Faites cuire 3 min sous le gril du four pour dorer la préparation.
- Servez chaud.

Œuf à cheval

Faites fondre le cheddar dans 25 cl de bière blonde et 1 c. à c. de moutarde, ajoutez 1 c. à s. de crème et de piment. Versez sur le pain de mie et le jambon. Enfournez sous le gril et ajoutez 1 œuf au plat.

Sans jambon

Ajoutez au fromage fondu 10 cl de crème épaisse, versez sur du pain grillé et servez avec une salade.

À la noix muscade

Déposez dans un plat du jambon cuit sur des tranches de pain de campagne dorées à la poêle. Versez 500 g de cheddar fondu avec 25 cl de bière ambrée et 1 pincée de noix muscade. Ajoutez du gruyère râpé, enfournez pour faire gratiner.

Cheddar rouge

Faites réduire 33 cl de bière blonde, versez 5 cl de sauce anglaise, quelques gouttes de tabasco et 1 pincée de piment d'Espelette. Ajoutez du cheddar rouge. Versez sur le pain et enfournez.

DESSERTS

À la cerise

Mélangez 200 g de poudre d'amandes, 100 g de sucre glace et 2 blancs d'œufs. Ajoutez 1 c. à c. d'arôme de cerise et quelques gouttes de colorant rouge. Roulez dans le sucre glace. Enfournez pour 25 min.

Amande-pistache

Mélangez 100 g de poudre d'amandes et 100 g de poudre de pistaches, ajoutez 1 c. à c. d'extrait d'amande amère, 2 c. à c. de pâte de pistaches et placez 1 pistache non salée au milieu.

Aux agrumes

Ajoutez à la pâte à base d'amandes 2 c. à c. d'eau de fleur d'oranger et placez 1 morceau d'écorce d'orange confite au centre.

Aux noisettes

Remplacez la poudre d'amandes par 180 g de poudre de noisettes et ajoutez des noisettes concassées.

AMARETTI SURPRISE

Préparation : 5 min • Cuisson : 12 min • Pour 20 amaretti

1 mangue • 200 g de poudre d'amandes • 140 g de sucre en poudre
2 œufs • 100 g de framboises

- Préchauffez le four à 180 °C.
- Pelez la mangue, dénoyautez-la et coupez-la en cubes.
- Mélangez la poudre d'amandes et le sucre dans un saladier. Incorporez les œufs battus.
- Formez des petites boules et placez au centre 1 cube de mangue ou 3 framboises.
- Déposez les boules sur une plaque allant au four. Faites cuire au four pendant 12 min, jusqu'à ce que les amaretti soient dorés.

AUMÔNIÈRES AU CHOCOLAT ET À LA POIRE

Préparation : 5 min • Cuisson : 10 min • Pour 4 personnes

2 poires bien mûres • 16 carrés de chocolat • 4 crêpes nature
4 fils de réglisse (ou de la ficelle de cuisine)

- Pelez et taillez les poires en lamelles. Coupez les carrés de chocolat en petits morceaux.

- Faites chauffer 1 crêpe à feu doux dans une poêle. Répartissez des lamelles de poire et des morceaux de chocolat.

- Lorsque le chocolat commence à fondre, ramenez les bords de la crêpe vers le centre. Liez-la avec un fil de réglisse ou un brin de ficelle de cuisine.

- Réservez au chaud et confectionnez les autres aumônières.

Feuilles de brick

Remplacez les crêpes par des feuilles de brick badigeonnées de beurre fondu. Mélangez 150 g de sucre, 1 œuf et 10 cl de crème. Versez au milieu avec des morceaux de poire. Refermez l'aumônière. Enfournez pour 10 min.

Aux poires caramélisées

Faites revenir des cubes de poire dans du beurre, ajoutez le jus d'1 citron et de la cassonade, faites caraméliser. Ajoutez de la cannelle et du chocolat fondu et préparez l'aumônière.

À la glace à la vanille

Superposez 2 feuilles de brick beurrées, disposez 1/2 poire. Fermez en papillote. Enfournez pour 3 min. Servez avec 1 boule de glace à la vanille et nappez de chocolat fondu.

Aux amandes

Ajoutez aux poires des amandes effilées grillées et parfumez le chocolat fondu avec 4 c. à c. de Cointreau.

BOUCHÉES AU CITRON ET AU CHOCOLAT

Préparation : 10 min • Cuisson : 20 min • Pour 12 bouchées

100 g de sucre glace • 60 g de poudre d'amandes
30 g de farine • 3 blancs d'œufs • 70 g de beurre
1 c. à c. de cacao • 1 c. à s. de jus de citron

- Préchauffez le four à 180 °C.
- Mélangez le sucre, la poudre d'amandes et la farine dans un saladier.
- Battez les blancs à la fourchette et incorporez-leur délicatement le mélange précédent.
- Ajoutez le beurre fondu. Divisez la préparation en deux. Ajoutez le cacao à l'une et le jus de citron à l'autre.
- Répartissez les deux préparations, en versant alternativement le contenu d'une petite cuillère, dans de petits moules à muffin beurrés. Faites cuire au four pendant 20 min.

À l'amande et au chocolat

Remplacez le citron par 1 c. à s. d'extrait d'amande amère.

Au gingembre

Mélangez 120 g de poudre d'amandes, 100 g de sucre glace, 70 g de farine, 1 c. à s. de gingembre en poudre, des dés de gingembre confit, 4 blancs d'œufs, 100 g de beurre fondu. Enfournez les moules.

Au chocolat et au jasmin

Mélangez 50 g de farine, 100 g de poudre d'amandes, 80 g de sucre glace, 4 blancs d'œufs et 80 g de beurre fondu. Divisez la pâte en deux : ajoutez 2 c. à s. de cacao d'une part, des gouttes d'arôme de jasmin dans l'autre. Versez 1 c. à c. de chaque pâte dans les moules. Enfournez.

Au chocolat et à la noix de coco

Séparez la pâte en deux. Ajoutez 30 g de noix de coco à l'une, 100 g de chocolat noir fondu dans l'autre. Superposez 1 c. à c. de chaque pâte. Enfournez.

CARPACCIO DE PAMPLEMOUSSE AU MIEL

Préparation : 20 min • Cuisson : 2 min • Pour 6 personnes

2 pamplemousses roses • 2 pamplemousses blancs • 3 oranges
4 c. à s. de miel • 2 c. à s. d'eau

- Pelez les agrumes à vif et prélevez les suprêmes. Placez-les dans un saladier.
- Faites chauffer le miel et l'eau dans une casserole. Versez sur les agrumes. Mélangez bien et réservez au réfrigérateur pendant 30 min.
- Servez frais, disposé en rosace sur des assiettes individuelles.

Aux pignons

Ajoutez au miel et au jus de pamplemousse les graines de 2 gousses de vanille ouvertes et raclées. Arrosez les tranches de pamplemousse, parsemez de pignons.

À la menthe

Sucrez les tranches de pamplemousses pelés à vif, versez 1 c. à s. de rhum, laissez macérer 1 h au frais. Servez avec de la menthe.

À l'orange

Portez à ébullition le jus de 2 oranges, 1 pincée de cannelle, 2 c. à s. de miel, les zestes de 2 oranges coupés fin, 1 c. à s. de Cointreau. Déposez les zestes confits sur les tranches de pamplemousse.

Carpaccio de melon aux agrumes et aux framboises

Faites chauffer le jus d'1 pamplemousse rose, le jus d'1 orange, 4 c. à s. de miel et 10 feuilles de menthe. Mélangez à 300 g de framboises mixées, filtrez, nappez des tranches de melon. Décorez de framboises.

CHEESECAKE AU CITRON, AUX RAISINS SECS ET AUX CERISES

Préparation : 30 min • Cuisson : 2 min • Pour 8 personnes

Pour la base en biscuits : 175 g de biscuits type petit-beurre
55 g de margarine

Pour la crème : 2 sachets de 11 g de gélatine en poudre
le jus d'1 orange • 350 g de fromage blanc à 0 %
115 g de yaourt nature à 0 % • le jus d'1 citron • 55 g de sucre en poudre
55 g de raisins secs • 115 g de cerises noires bien mûres
2 c. à c. de sucre glace

- Écrasez grossièrement les biscuits et mélangez-les à la margarine. Étalez et pressez dans le fond d'un moule à fond détachable de 20 cm de diamètre. Placez au frais et laissez réfrigérer pendant 1 h.

- Pendant ce temps, faites tremper la gélatine dans un bol d'eau froide pendant 10 min. Chauffez le jus d'orange et faites-y fondre la gélatine. Versez dans un blender avec le fromage blanc, le yaourt, le jus de citron et le sucre en poudre.

- Mixez pendant quelques secondes, versez dans un saladier et incorporez les raisins secs.

- Versez sur la base en biscuits et remettez au frais pour 2 h. Décorez avec les cerises et saupoudrez de sucre glace.

Aux spéculoos

Remplacez les petit-beurre par 200 g de spéculoos écrasés avec 60 g de beurre.

Au mascarpone

Fouettez 300 g de mascarpone avec 250 g de ricotta. Ajoutez 3 œufs battus avec 120 g de sucre et 1 c. à s. de fécule, le jus d'1 citron, 1 c. à c. d'arôme de citron et 50 g de raisins secs. Versez sur les biscuits écrasés, enfournez pour 45 min à 150 °C. Servez frais.

Au lemon curd

Faites chauffer le jus de 2 citrons avec 1 c. à c. de fécule, 50 g de sucre, 1 œuf battu et 20 g de beurre salé. Nappez le cheesecake.

Aux myrtilles

Fouettez 8 petits-suisses, 100 g de sucre, les zestes et le jus d'1 citron, ajoutez 4 feuilles de gélatine ramollies et fondues. Versez sur des biscuits sablés mixés avec de la margarine. Couvrez de myrtilles. Placez au frais.

COMPOTE DE POMMES ET DE POTIRON

Préparation : 15 min • Cuisson : 35 min • Pour 4 personnes

400 g de chair de potiron ou de potimarron • 2 pommes
15 g de beurre • 60 g de sucre en poudre
1/2 c. à c. de cannelle moulue • 1/2 c. à c. de gingembre en poudre

- Coupez la chair de potiron en gros cubes. Pelez et coupez les pommes en quartiers.

- Faites revenir le potiron et les pommes dans le beurre, puis ajoutez le sucre et les épices. Couvrez d'eau.

- Portez le mélange à ébullition et laissez cuire pendant 30 min à couvert.

- Mixez finement. Servez frais.

Aux 4-épices

Ajoutez, en même temps que la cannelle et le gingembre, 1 pincée de clou de girofle en poudre et 1 pincée de noix muscade râpée.

À l'orange

Faites cuire les fruits avec le sucre, 1 zeste d'orange et un peu d'eau de fleur d'oranger. Mixez.

À la poire

Ajoutez aux pommes et au potiron 2 poires pelées et coupées, et 1 bâton de cannelle.

Compote de potiron au miel

Faites cuire 500 g de potiron en cubes avec 1 orange et 1 citron lavés et coupés en rondelles. Versez 150 g de miel. Après cuisson, retirez les tranches d'orange et de citron, mixez le potiron et ajoutez 75 g de raisins macérés dans du rhum. Servez frais.

COOKIES MOELLEUX AU POTIRON

Préparation : 15 min • Cuisson : 10 min • Pour environ 20 cookies

1 œuf • 75 g de sucre en poudre • 110 g de farine
1 c. à c. de levure chimique • 100 g de purée de potiron bien égouttée
50 g de pépites de chocolat • 1 pincée de cannelle moulue

- Préchauffez le four à 180 °C.
- Battez l'œuf avec le sucre jusqu'à ce que le mélange blanchisse.
- Incorporez la farine, la levure puis la purée de potiron.
- Ajoutez les pépites de chocolat et la cannelle.
- Formez des petits tas sur une plaque beurrée et faites cuire au four pendant 10 min. Servez tiède.

Au potiron et au chocolat blanc

Remplacez le chocolat noir par des éclats de chocolat blanc.

Au potiron et aux noix de pécan

Ajoutez à la pâte à base de purée de potiron 1 c. à c. d'extrait de vanille, 1 c. à c. de cannelle, 1/4 de c. à c. de muscade et 10 noix de pécan concassées.

Au potiron, aux noisettes et au citron

Ajoutez à la purée de potiron 80 g de poudre de noisettes et remplacez les pépites de chocolat par les zestes d'1 citron coupés fin.

Au potiron et au pain d'épice

Faites cuire le potiron avec le jus d'1 orange et 75 g de sucre. Ajoutez à la pâte des dés de pain d'épice imbibés d'eau de fleur d'oranger.

Fraise et banane

Faites chauffer le zeste d'1 citron, 1 c. à c. de cannelle, 25 g de sucre et 5 c. à s. d'eau. Ajoutez des dés de fraise et de banane à ce sirop refroidi, versez dans chaque crêpe.

Aux myrtilles

Versez 1 louche de pâte pour couvrir le fond de la poêle, dispersez 1 c. à s. de myrtilles fraîches. Appuyez pour les enfoncer dans la pâte. Retournez la crêpe, faites cuire l'autre face. Saupoudrez de sucre vanillé et servez avec la chantilly.

Aux fruits exotiques

Faites caraméliser des dés de kiwi, de mangue et d'ananas dans 20 g de beurre et du sucre en poudre. Versez sur les crêpes flambées.

Aux fruits confits

Mélangez des fruits confits avec 2 c. à s. de crème pâtissière. Étalez sur 1 crêpe et parsemez d'amandes effilées et grillées. Repliez la crêpe.

CORNETS AUX FRAISES

Préparation : 15 min • Cuisson : de 20 à 40 min • Pour 6 personnes

200 g de fraises • 2 clémentines • 250 g de farine
50 g de sucre en poudre • 1 sachet de sucre vanillé • 3 œufs
50 g de beurre • 50 cl de litre de lait • 1 c. à s. à soupe de rhum
40 cl de crème fraîche épaisse • 50 g de sucre glace
12 feuilles de menthe • sel

- Lavez les fraises et équeutez-les. Coupez-les en morceaux. Prélevez les suprêmes des clémentines. Réservez.

- Mettez la farine dans un saladier avec le sucre, le sucre vanillé et du sel. Ajoutez les œufs un par un et faites une pâte homogène en fouettant à l'aide d'une fourchette.

- Pendant ce temps, faites fondre le beurre et laissez-le refroidir. Ajoutez-le ensuite à la pâte. Incorporez le lait petit à petit, puis le rhum. Laissez reposer pendant 30 min.

- Faites cuire les crêpes à feu moyen, de 1 à 2 min par face. Entre chaque crêpe, frottez la poêle avec un chiffon gras.

- Montez la crème en chantilly et incorporez le sucre glace petit à petit.

- Garnissez chaque crêpe de fruits. Nappez d'un cordon de chantilly et parsemez de menthe ciselée. Enroulez les crêpes en cornet pour servir.

Au citron

Ajoutez à la crème le zeste d'1 citron, faites chauffer et retirez avant de verser dans les ramequins.

À l'eau de fleur d'oranger

Fouettez 4 jaunes d'œufs avec 80 g de sucre. Versez 10 cl de lait, 35 cl de crème liquide et 1 c. à s. d'eau de fleur d'oranger. Enfournez au bain-marie pour 30 min. Faites caraméliser pour servir.

À la pistache

Ajoutez à la crème 1 c. à s. d'arôme de pistache. Saupoudrez de cassonade, faites caraméliser sous le gril et parsemez de pistaches hachées.

Au chocolat

Battez 4 jaunes d'œufs avec 80 g de sucre roux et 4 c. à s. de cacao non sucré. Ajoutez 40 cl de crème liquide, versez dans les ramequins, enfournez. Avant de servir, saupoudrez de sucre roux et faites caraméliser sous le gril du four.

CRÈME BRÛLÉE

Préparation : 15 min • Cuisson : 20 min • Pour 6 personnes

1 gousse de vanille • 1 l de crème liquide • 10 jaunes d'œufs
250 g de sucre en poudre • 40 g de cassonade

- Ouvrez la gousse de vanille, raclez les graines et mettez-les dans la crème, puis faites chauffer doucement à la casserole.
- Fouettez les jaunes et le sucre dans un saladier jusqu'à ce que le mélange blanchisse. Ajoutez la crème bouillante petit à petit en remuant.
- Préchauffez le four à 130 °C.
- Versez doucement la crème dans des petits moules individuels. Faites cuire au four pendant 20 min.
- Laissez refroidir. Au moment de servir, répartissez la cassonade sur les crèmes et passez-les sous le gril du four pour les caraméliser.

Au miel

Nappez 4 ramequins de caramel. Versez 2 œufs fouettés avec 2 c. à s. de miel et 30 cl de crème fleurette bouillante. Enfournez au bain-marie pour 30 min.

Crème au caramel et au café

Mélangez 100 g de lait concentré sucré, 10 cl de lait et 3 c. à c. de café soluble. Incorporez 2 jaunes d'œufs. Enfournez pour 1 h.

Crème caramel au beurre salé

Faites fondre 75 g de beurre salé et 15 morceaux de sucre. Ajoutez 20 cl de lait concentré. Fouettez 6 œufs avec 120 g de sucre et 1 c. à s. de fécule, versez 50 cl de lait bouillant. Mélangez au caramel, enfournez pour 45 min.

Crème à la noix de coco

Mélangez 20 cl de lait concentré sucré, 40 cl de lait de coco, 3 jaunes d'œufs et 5 c. à s. de noix de coco râpée. Versez dans les ramequins, nappez de caramel, faites cuire au bain-marie.

CRÈME CARAMEL

Préparation : 15 min • Cuisson : 25 min • Pour 4-6 personnes

185 g de sucre en poudre • 45 cl de lait • 1 c. à s. d'extrait de vanille
2 jaunes d'œufs • 2 œufs

- Placer 75 cl d'eau et 110 g de sucre dans une casserole à feu moyen et portez à ébullition sans remuer. Laissez bouillir pendant 5 min, jusqu'à ce que le sirop soit bien doré. Ôtez du feu et versez dans un moule à gâteau antiadhésif de 18 cm de diamètre. Laissez refroidir.

- Préchauffez le four à 160 °C.

- Versez le lait dans une petite casserole avec l'extrait de vanille. Portez à ébullition, puis ôtez du feu et réservez.

- Battez les jaunes d'œufs, les œufs et le sucre restant dans un saladier, sans faire trop de mousse. Ajoutez le lait. Versez la préparation dans le moule et couvrir de papier d'aluminium.

- Faites cuire au four pendant 25 min. Ôtez du four et laissez refroidir.

- Réservez au frais pendant 6 h. Pour servir, trempez le fond du moule pendant 30 s dans l'eau bouillante, placez un plat plus grand que le moule sur le moule et retournez le tout.

CRÊPES AUX FRUITS EXOTIQUES

Préparation : 15 min • Cuisson : 15 min • Pour 6 personnes

2 œufs • 15 cl de lait • 120 g de farine • 30 g de sucre en poudre
1 c. à c. de levure chimique • 6 goyaves • 1 boîte d'ananas au sirop
3 fruits de la Passion • menthe fraîche

- Montez les blancs d'œufs en neige ferme. Mixez les jaunes d'œufs, le lait, la farine, le sucre et la levure. Incorporez délicatement les blancs. Faites cuire de petites crêpes à la poêle, pendant 1 min de chaque côté, jusqu'à épuisement de la pâte.

- Pelez et tranchez les goyaves. Égouttez les tranches d'ananas et coupez-les en morceaux. Coupez les fruits de la Passion en 2 et prélevez la chair.

- Dressez 3 crêpes en intercalant les fruits dans chaque assiette. Décorez avec des feuilles de menthe.

Au chocolat et à la banane

Déposez sur les crêpes des rondelles de banane citronnées, nappez de chocolat fondu et parfumé avec 1 c. à s. de rhum ambré. Saupoudrez de sucre glace.

Aux pommes et au cidre

Faites sauter des dés de pomme dans du beurre et du sucre roux. Ajoutez 1 c. à c. de cannelle et 10 cl de cidre. Laissez réduire et ajoutez 5 cl de crème. Étalez sur les crêpes.

Aux fruits rouges

Mélangez 250 g de fraises, framboises, groseilles, cassis, mûres, myrtilles, 100 g de sucre, 5 cl de kirsch et 20 cl de crème fouettée avec 2 c. à s. de sucre glace. Intercalez dans les crêpes.

À la poire

Remplacez les fruits par 3 poires coupées en dés. Faites fondre 60 g de sucre puis ajoutez 6 cl d'eau et chauffez en remuant jusqu'à ce que le sucre soit dissous. Versez entre les crêpes.

CROQUE-MONSIEUR AU CHOCOLAT ET À LA BANANE

Préparation : 10 min • Cuisson : 3 min • Pour 2 personnes

1 banane • 6 carrés de chocolat • 4 tranches de pain de mie complet

- Pelez et coupez la banane en fines lamelles. Coupez le chocolat en petits morceaux.
- Répartissez les lamelles de banane et le chocolat sur 2 tranches de pain de mie. Couvrez avec les deux autres tranches de pain.
- Faites-les griller pendant 3 min dans un appareil à croque-monsieur.
- Servez sans attendre.

Sans chocolat

Beurrez les tranches de pain de mie, couvrez de rondelles fines de banane. Saupoudrez de sucre, recouvrez d'une autre tranche de pain beurrée. Enfournez.

Au gingembre

Nappez de lait concentré sucré les tranches de pain couvertes de rondelles de banane, ajoutez 1 pincée de cannelle, 3 pincées de gingembre et de la fleur de sel. Recouvrez d'1 tranche beurrée. Faites griller.

Au chocolat, à l'orange et à la banane

Tartinez le pain de pâte chocolatée. Ajoutez des zestes d'orange râpés, des rondelles de banane et une autre tranche de pain. Faites dorer dans 20 g de beurre. Saupoudrez d'1 c. à c. de sucre, ajoutez 2 c. à s. de jus d'orange, laissez caraméliser.

Au chocolat blanc

Prenez des carrés de chocolat blanc et utilisez du pain brioché.

CRUMBLE DE FRAISES AU PAIN D'ÉPICE

Préparation : 15 min • Cuisson : 15 min • Pour 4 personnes

400 g de fraises • 80 g de sucre en poudre • 6 tranches de pain d'épice
80 g de farine • 60 g de beurre

- Préchauffez le four à 180 °C.
- Lavez les fraises, équeutez-les et coupez-les en petits morceaux. Mettez-les dans un saladier. Incorporez le sucre et répartissez-les dans 4 ramequins.
- Mixez finement le pain d'épice avec la farine et le beurre. Répartissez cette pâte sur les fraises.
- Faites cuire au four pendant 15 min.

Aux fraises et aux spéculoos

Faites la pâte en malaxant 100 g de spéculoos écrasés, 50 g de farine, 50 g de sucre roux et 60 g de beurre ramolli.

Aux fraises et à la rhubarbe

Détaillez en dés 400 g de rhubarbe et 500 g de fraises. Disposez-les dans des ramequins beurrés, saupoudrez de sucre roux. Couvrez de miettes de pâte. Enfournez.

Aux fraises et aux pommes

Faire cuire dans 20 g de beurre les fraises coupées, 4 pommes en dés, le jus d'1 citron et 50 g de sucre. Versez dans un plat beurré, couvrez de miettes de pâte. Enfournez.

Aux biscuits roses

Préparez la pâte avec 12 biscuits roses de Reims concassés, 80 g de farine, 60 g de beurre et 60 g de sucre roux.

Au chocolat

Ajoutez à la pâte 180 g de chocolat noir fondu. Enfournez. Glacez les gâteaux refroidis de chocolat fondu avec du sucre glace et du beurre.

Au citron

Remplacez l'extrait de vanille par 4 c. à s. de jus de citron. Glacez avec 300 g de fromage frais mélangé à 3 c. à s. de sucre glace et 3 c. à s. de jus de citron.

Aux amandes et aux pistaches

Ajoutez à la pâte 50 g de poudre d'amandes et 50 g de poudre de pistaches. Nappez les gâteaux de 100 g de beurre mixé avec 150 g de sucre glace, 4 c. à s. de lait et 3 gouttes de colorant vert.

Au gingembre

Ajoutez à la pâte 1 c. à s. de gingembre en poudre et 100 g de gingembre confit coupé en dés. Pour le glaçage : mélangez 200 g de sucre glace, 1 blanc d'œuf, le jus d'1/2 citron et tartinez les cupcakes.

CUPCAKES

Préparation : 30 min • Cuisson : de 15 à 20 min • Pour 12 cupcakes

170 g de beurre doux • 160 g de sucre en poudre
1 c. à s. d'extrait de vanille • 3 œufs • 220 g de farine tamisée
1 c. à s. de levure • 6 cl de lait

Pour la crème : *120 g de sucre glace • fleurs en sucre pour le décor*

- Préchauffer le four à 200 °C.
- Fouettez le beurre amolli, le sucre et l'extrait de vanille dans un grand saladier, jusqu'à ce que le mélange soit clair et mousseux. Incorporez les œufs un par un, en fouettant bien après chaque ajout.
- Incorporez la farine et la levure, puis ajoutez le lait pour que la préparation prenne une texture assez fluide, mais pas liquide. Répartissez la préparation dans des caissettes en papier ou des moules à muffin.
- Faites cuire au four pendant 15 min, jusqu'à ce que les gâteaux soient bien levés, dorés et moelleux au toucher.
- Placez les gâteaux sur un plat et laissez-les refroidir.
- Versez le sucre glace dans un saladier et incorporez-y assez d'eau pour obtenir un glaçage facile à appliquer mais pas coulant.
- Recouvez le dessus des cupcakes avec le glaçage et décorez avec des fleurs en sucre.

FAR AU COING

Préparation : 15 min • Cuisson : 1 h • Pour 6 à 8 personnes

1 beau coing de 500 g • 2 œufs • 80 g de sucre en poudre
75 g de farine de blé • 50 g de farine de maïs
20 cl de lait • 100 g de beurre

- Préchauffez le four à 180 °C.
- Pelez le coing, coupez-le en quatre et ôtez le cœur. Faites cuire les quartiers pendant 30 min dans de l'eau bouillante. Égouttez-les.
- Fouettez les œufs et le sucre dans un saladier. Incorporez les farines, le lait et le beurre fondu. Ajoutez le coing coupé en cubes.
- Chemisez un moule de 26 cm de diamètre de papier sulfurisé et versez-y la préparation.
- Faites cuire au four pendant 30 min.

Aux pruneaux au vin rouge

Faites chauffer 25 cl de vin rouge avec des zestes d'orange et de citron, 1 gousse de vanille et 1 bâton de cannelle. Ajoutez 300 g de pruneaux dénoyautés. Laissez refroidir, égouttez les pruneaux pour les déposer dans le plat beurré avant de verser la pâte.

Aux pommes

Remplacez le coing par des dés de pomme macérés dans 5 cl de calvados.

Aux raisins secs et au rhum

Faites gonfler 200 g de raisins secs dans 5 c. à s. de rhum, puis disposez-les au fond du plat.

Aux abricots et aux raisins blonds

Faites tremper 1 h 60 g d'abricots moelleux et 20 g de raisins blonds dans du thé vert. Égouttez les fruits et disposez-les au fond du plat beurré.

FEUILLETÉ À LA POIRE ET AU GORGONZOLA

Préparation : 20 min • Cuisson : 1 h 40 • Pour 6 personnes

8 poires • 70 cl de vin rouge type pinot noir
120 g de sucre en poudre • 120 g de gelée de groseilles
1 pâte feuilletée à dérouler • un peu de lait, pour brosser
160 g de gorgonzola tranché

- Préchauffez le four à 200 °C.

- Pelez les poires. Versez le vin rouge dans une grande casserole avec le sucre et la gelée. Ajoutez les poires et laissez mijoter pendant 1 h à feu doux. Éteignez et laissez les poires refroidir dans la sauce au vin rouge.

- Déroulez la pâte feuilletée sur une plaque de cuisson, brossez-la avec le lait et piquez-la à l'aide d'une fourchette. Faites cuire au four pendant 20 min, jusqu'à ce que la pâte soit dorée et gonflée.

- Ôtez les poires de leur sauce et coupez-les en quartiers. Faites réduire la sauce pendant 20 min à feu doux, jusqu'à ce qu'elle épaississe.

- Disposez les poires sur la pâte et badigeonnez-les de la sauce au vin. Recouvrez de tranches de gorgonzola et servez aussitôt.

Sans vin

Saupoudrez la pâte de sucre roux, disposez des lamelles de poire, parsemez de gorgonzola et versez 2 œufs battus avec 20 cl de crème.

Aux poires et au chèvre

Déposez sur la pâte feuilletée les poires confites dans du beurre, du miel et de la cannelle. Couvrez de rondelles de fromage de chèvre et de pistaches concassées. Enfournez.

Aux poires et aux amandes

Travaillez 200 g de sucre, 200 g de poudre d'amandes et 150 g de beurre en pommade. Ajoutez 5 œufs. Versez sur la pâte et disposez des quartiers de poires pochées. Enfournez.

Aux poires, au fromage blanc et au chocolat

Mélangez les poires au sirop, 500 g de fromage en faisselle, 4 œufs et 100 g de sucre. Versez sur la pâte précuite. Enfournez. Nappez de chocolat fondu.

FONDANT AU CITRON ET AUX AMANDES

Préparation : 15 min • Cuisson : 40 min • Pour 6 personnes

250 g de sucre fin • 4 œufs • 200 g de poudre d'amandes
le zeste d'1 citron • le jus de 2 citrons • sel

- Préchauffez le four à 180 °C.
- Battez le sucre et les jaunes d'œufs dans une jatte. Ajoutez la poudre d'amandes, le zeste et le jus de citron.
- Battez les blancs d'œufs en neige ferme avec 1 pincée de sel et incorporez-les délicatement au mélange.
- Versez dans un moule à manqué beurré et faites cuire au four pendant 40 min.

Glaçage au chocolat

Nappez le gâteau cuit de chocolat noir fondu avec 30 g de beurre refroidi.

À la noix de coco

Mélangez 180 g de farine, 1 sachet de levure, 50 g de noix de coco râpée, 200 g de sucre, 125 g de beurre fondu, 2 œufs battus et 25 cl de lait. Enfournez pour 45 min.

Au citron vert et à la noix de coco

Fouettez 3 jaunes d'œufs, 40 cl de lait concentré sucré et 20 cl de lait de coco. Ajoutez 100 g de noix de coco râpée, le jus et le zeste d'1 citron vert et les blancs en neige. Enfournez 30 min au bain-marie. Servez frais.

Au citron et aux noisettes

Battez 4 jaunes d'œufs avec 200 g de sucre roux, ajoutez 1 c. à c. d'extrait de vanille, 200 g de poudre de noisettes, 50 g de farine, 1/2 verre de jus de citron et les blancs en neige. Enfournez.

Au chocolat blanc

Remplacez le chocolat noir par du chocolat blanc.

Aux pistaches

Ajoutez des pistaches caramélisées et prenez du nougat aux éclats de pistache.

Nougat glacé au chocolat

Mixez 200 g de nougat aux pistaches, ajoutez 80 g de cacao amer et 30 cl de crème liquide montée en chantilly avec 100 g de sucre et 6 blancs d'œufs en neige. Placez au congélateur.

Mousse de nougat

Faites caraméliser 50 g d'amandes et 50 g de pistaches dans 90 g de sucre et 30 cl d'eau. Mélangez à 3 blancs d'œufs en neige, 150 g de miel tiédi et 4 feuilles de gélatine ramollies. Laissez refroidir. Ajoutez 120 g de raisins secs macérés dans du rhum et 50 cl de crème fouettée.

FONDUE AU NOUGAT ET AU CHOCOLAT

Préparation : 10 min • Cuisson : 5 min • Pour 6 personnes

1 gousse de vanille • 20 cl de crème • 500 g de chocolat noir
40 cl de lait • 250 g de nougat tendre en cubes

- Ouvrez la gousse de vanille en 2 dans le sens de la longueur. Grattez les graines dans la crème. Faites fondre le chocolat, le lait et la crème à feu doux.

- Une fois le chocolat fondu, versez-le dans un caquelon ou de petits caquelons individuels. Servez avec les cubes de nougat et des fourchettes à fondue.

FRAISES MERINGUÉES À LA ROSE

Préparation : 10 min • Cuisson : 10 min • Pour 4 personnes

400 g de fraises • 4 blancs d'œufs
100 g de sucre en poudre • 2 c. à c. d'eau de rose • sel

- Lavez les fraises, équeutez-les et coupez-les en morceaux. Répartissez-les dans 4 moules à tartelette.
- Battez les blancs d'œufs en neige ferme avec 1 pincée de sel. Incorporez le sucre et l'eau de rose puis continuez à battre jusqu'à ce que les blancs soient brillants.
- Répartissez la meringue sur les fraises à l'aide d'une poche à douille ou d'une cuillère.
- Faites cuire au four pendant 10 min.

Au marasquin

Disposez dans un plat 500 g de fraises. Versez 8 cl de marasquin et saupoudrez de sucre. Recouvrez de 4 blancs d'œufs battus en neige avec 100 g de sucre glace. Enfournez pour 10 min.

Au vinaigre balsamique

Faites revenir à l'huile d'olive 500 g de fraises. Déglacez avec 3 c. à s. de vinaigre balsamique. Ajoutez 20 g de sucre, faites caraméliser. Disposez les fraises dans des ramequins beurrés, couvrez de blancs d'œufs montés en neige avec 1 c. à s. de sucre glace. Enfournez.

À l'orange

Couvrez les fraises parsemées de zestes d'orange râpés des blancs d'œufs en neige et sucrés, enfournez pour 5 min sous le gril.

Aux fraises et aux framboises

Disposez 300 g de fraises et 200 g de framboises, arrosez de kirsch, couvrez de blancs en neige et faites meringuer.

Au mascarpone

Remplacez les yaourts par 200 g de mascarpone battu avec du coulis de framboises et alternez avec des biscuits roses de Reims imbibés d'amaretto.

À l'eau de rose

Remplacez les yaourts par du mascarpone et 2 c. à s. d'eau de rose et imbibez légèrement les biscuits de kirsch.

Au citron

Mélangez 70 g de sucre roux et 3 jaunes d'œufs. Ajoutez le jus et les zestes d'1 citron, et 250 g de mascarpone. Versez sur les boudoirs imbibés de coulis de framboises et ajoutez des framboises entières.

Aux framboises et aux litchis

Mélangez 2 jaunes d'œufs et 50 g de sucre glace. Ajoutez 150 g de mascarpone. Alternez les couches de biscuits roses imbibés du sirop d'une boîte de litchis, de crème, de litchis égouttés et de framboises.

FRAMBOISES EN TIRAMISU

Préparation : 10 min • Cuisson : aucune • Pour 2 personnes

4 biscuits à la cuillère • 2 yaourts nature • 50 g de sucre en poudre le jus d'1/2 citron • 1 petite barquette de framboises

- Émiettez les biscuits à la cuillère.
- Mélangez les yaourts, le sucre et le jus de citron dans un saladier.
- Répartissez une couche de biscuits dans 2 verrines. Ajoutez une couche de crème, puis une nouvelle couche de biscuits et une autre couche de crème.
- Répartissez les framboises sur le dessus. Réservez au frais jusqu'au moment de servir.

FRUITS AU MASCARPONE

Préparation : 15 min • Cuisson : aucune • Pour 6 personnes

250 g de fraises • 115 g de biscuits aux amandes
1 boîte d'oreillons d'abricots au sirop • 6 cl d'amaretto
200 g de raisin blanc sans pépins • 25 cl de crème fraîche
70 g de sucre en poudre • 230 g de mascarpone

- Équeutez les fraises et coupez-les en morceaux. Écrasez grossièrement les biscuits.
- Versez les abricots avec leur sirop dans un saladier. Ajoutez l'amaretto.
- Répartissez les fruits, les biscuits écrasés grossièrement et le sirop dans des coupes.
- Fouettez la crème avec le reste de sucre jusqu'à ce qu'elle épaississe, incorporez le mascarpone et versez sur les fruits.
- Réservez au frais jusqu'au moment de servir.

Aux fruits jaunes et au citron

Fouettez 150 g de mascarpone, 1 yaourt nature et 75 g de sucre. Ajoutez 1 zeste de citron râpé, le jus d'1 citron et 3 blancs d'œufs en neige. Servez frais avec des fruits jaunes frais.

Aux fruits exotiques

Ajoutez 1 c. à s. d'extrait de vanille au mascarpone et servez avec la pulpe de 3 fruits de la Passion, des dés de mangue, d'ananas et des rondelles de kiwi.

Aux agrumes

Ajoutez 1 jus d'orange au mascarpone. Servez avec des quartiers de pamplemousse et d'orange. Ajoutez des zestes de citron.

Au citron vert et au gingembre

Battez 150 g de mascarpone, 15 cl de crème, 80 g de sucre, 1 c. à c. de gingembre frais râpé et le zeste d'1 citron vert. Ajoutez 2 feuilles de gélatine ramollies dans le jus de citron tiédi. Servez avec des grains de raisin et des dés de pêche.

GALETTE À LA FRANGIPANE ET AU CHOCOLAT

Préparation : 10 min • Cuisson : 25 min • Pour 6 personnes

2 pâtes filo • 150 g de frangipane • 1 pot de Nutella® de 250 g
1 jaune d'œuf battu • 1 c. à s . de sucre glace

- Préchauffez le four à 200 °C.
- Coupez 2 disques de pâte dans les pâtes filo.
- Placez le premier disque sur une plaque de cuisson graissée. Étalez la frangipane sur la pâte, puis le Nutella® par-dessus, en prenant soin de laisser un bord de 2 cm.
- Brossez les bords au jaune d'œuf battu et placez le second disque dessus. Pressez fermement les 2 disques ensemble. Brossez le dessus de la galette à l'œuf battu et faites cuire pendant 25 min au four.
- Saupoudrez de sucre glace et servez chaud.

À la frangipane

Mélangez 100 g de sucre glace, 100 g de poudre d'amandes, 100 g de beurre fondu, 2 œufs, 1 c. à s. de farine, 3 c. à c. d'extrait d'amande amère et 2 c. à s. de rhum.

Au chocolat noir

Travaillez 200 g de chocolat noir fondu, 125 g de poudre d'amandes, 125 g de sucre, 125 g de beurre, 2 œufs et 1 pincée de cannelle. Disposez entre 2 pâtes feuilletées.

Aux pommes

Faites cuire 4 pommes coupées en dés, 100 g de sucre roux, 20 g de beurre, 1 c. à c. de cannelle et 8 cl de calvados. Disposez entre 2 pâtes. Dorez au jaune d'œuf. Enfournez.

Aux poires et aux noisettes

Battez 3 œufs et 80 g de sucre. Ajoutez 125 g de poudre de noisettes, 40 g de beurre fondu et 4 poires coupées en lamelles. Disposez entre les 2 pâtes. Dorez, enfournez.

GÂTEAU À L'ANANAS ET AU SIROP D'ÉRABLE

Préparation : 15 min • Cuisson : 55 min • Pour 6 personnes

Pour le sirop : 50 g de beurre doux • 10 cl de sirop d'érable

1 boîte de tranches d'ananas au sirop • 100 g de beurre doux amolli
6 cl de sirop de riz • 3 gros œufs • 1 c. à s. d'extrait de vanille
155 g de farine • 1 sachet de levure chimique
1 c. à c. de bicarbonate de soude • 1 pincée de sel

- Préchauffez le four à 180 °C.
- Graissez un moule à gâteau rond de 23 cm de diamètre et recouvrez le fond extérieur de papier d'aluminium.
- Pour le sirop : placez le beurre et le sirop d'érable dans une petite casserole et faites cuire à feu moyen pendant 10 min, jusqu'à ce que le sirop soit épais et doré. Versez-le dans le moule et disposez les tranches d'ananas égouttées dans le fond.
- Battez le beurre et le sirop de riz jusqu'à obtention d'un mélange clair et crémeux. Ajoutez les œufs un par un, en fouettant après chaque ajout, puis ajoutez la vanille et fouettez de nouveau. Incorporez la farine, la levure, le bicarbonate et le sel dans la préparation au beurre puis mélangez doucement.
- Versez la préparation sur les tranches d'ananas au caramel. Faites cuire au four pendant 45 min.
- Ôtez le gâteau du four et laissez-le refroidir pendant 5 min avant de le retourner sur une assiette.

Aux pêches

Remplacez les rondelles d'ananas par des oreillons de pêcheet parfumez la pâte avec 2 c. à s. de rhum puis servez avec de la chantilly.

Aux pommes

Remplacez les tranches d'ananas par des lamelles de pomme posées sur le caramel et ajoutez à la pâte 2 c. à s. de calvados.

À l'ananas et à la noix de coco

Faites caraméliser les tranches d'ananas dans du sucre fondu et 30 g de beurre salé. Ajoutez à la pâte 50 g de noix de coco râpée.

À l'ananas et aux amandes

Faites caraméliser les tranches d'ananas dans 3 c. à s. de miel et 30 g de beurre avec des amandes effilées, disposez au fond du plat beurré. Versez 2 œufs fouettés avec 60 g de sucre, ajoutez 20 cl de crème, 60 g de poudre d'amandes, 50 g de farine et 2 c. à s. de rhum. Enfournez.

GÂTEAU AU CHOCOLAT ET AU GINGEMBRE

Préparation : 20 min • Cuisson : 30 min • Pour 6 à 8 personnes

200 g de chocolat noir à 60 % de cacao • 100 g de beurre
100 g de farine • 1 sachet de levure • 4 œufs • 200 g de sucre en poudre
1 c. à c. de gingembre frais râpé • 1 pincée de sel

- Préchauffez le four à 180 °C.
- Faites fondre le chocolat et le beurre dans une casserole. Retirez du feu puis incorporez la farine et la levure.
- Battez les jaunes d'œufs avec le sucre dans une jatte, jusqu'à ce que le mélange blanchisse. Ajoutez le mélange au chocolat.
- Montez les blancs en neige avec le sel. Incorporez-les à la préparation précédente. Ajoutez le gingembre frais râpé.
- Versez la préparation dans un moule à manqué chemisé de papier sulfurisé (de 26 à 28 cm de diamètre). Faites cuire pendant 30 minutes. Surveillez la cuisson en piquant le gâteau avec la lame d'un couteau : elle doit ressortir sèche. Laissez refroidir avant de démouler.

Au gingembre confit

Ajoutez à la pâte 50 g de poudre d'amandes et 30 g de gingembre confit.

À l'orange

Faites fondre le chocolat dans 1/2 tasse de café fort et ajoutez au gingembre 1 zeste d'orange râpé fin.

Aux fruits confits

Mélangez 120 g de beurre en pommade avec 100 g de sucre, 2 c. à s. de miel et 2 œufs. Ajoutez 150 g de farine avec la levure, 1 c. à c. de cannelle et 150 g de fruits confits.

Au rhum

Faites tremper les fruits confits dans 3 c. à s. de rhum et ajoutez sur la pâte, avant d'enfourner, des amandes effilées.

GLACE INDIENNE À LA ROSE ET À LA PISTACHE

Préparation : 5 min • Cuisson : aucune • Pour 4 personnes

2 grosses bananes • 120 g de pistaches décortiquées non salées
50 cl de glace à la banane • 3 c. à s. d'eau de rose
pétales de roses frais pour le décor

- Pelez les bananes et coupez-les en rondelles. Concassez grossièrement les pistaches.

- Répartissez les rondelles de banane, la glace à la banane et les pistaches dans 4 petits bols.

- Arrosez d'eau de rose et parsemez de pétales de roses. Servez aussitôt.

Glace indienne

Versez 40 cl de lait concentré sucré et 40 cl de lait d'amande. Ajoutez 1 c. à c. de cardamome en poudre, 2 c. à s. de poudre d'amandes, 1 c. à s. d'eau de rose et 30 g de pistaches concassées. Placez au congélateur.

Glace à la mangue

Mixez 3 mangues, 30 cl de lait concentré sucré et le jus d'1 citron vert. Ajoutez 10 cl de crème fouettée.

Glace aux noix de cajou

Faites tiédir 40 cl de lait concentré non sucré avec 50 g de sucre roux. Ajoutez 25 g de poudre d'amandes, 50 g de noix de cajou non salées, grillées et concassées, et 2 c. à c. d'eau de rose. Laissez prendre au froid.

Glace à la noix de coco

Fouettez 40 cl de lait de coco, 2 c. à s. de noix de coco râpée, 100 g de sucre roux, de l'arôme de vanille et de l'arôme de citron. Faites prendre.

Au coulis d'abricots

Mixez 1 kg d'abricots dénoyautés, pochés et pelés avec 350 g de sucre et le jus d'1 citron. Nappez la glace, arrosez d'amaretto.

Pêches rôties

Servez la glace avec des moitiés de pêche caramélisées et déglacées avec 5 cl de curaçao et 4 cl de liqueur de pêche.

Au caramel et au beurre salé

Faites un caramel avec 100 g de sucre fondu avec 2 c. à s. d'eau, 1 c. à s. de crème et 50 g de beurre salé. Mélangez 2 jaunes d'œufs, 5 c. à s. de sucre et 1 pincée de vanille. Ajoutez 25 cl de crème montée en chantilly. Incorporez le caramel refroidi. Placez au frais.

À la cardamome

Fouettez 3 jaunes d'œufs avec 100 g de sucre et 1 sachet de sucre vanillé. Ajoutez 50 cl de crème épaisse, 2 c. à s. de cardamome en poudre, 1 pincée de cannelle.

GLACE À LA VANILLE ET COULIS DE FRUITS ROUGES

Préparation : de 5 à 10 min • Cuisson : aucune • Pour 4 personnes

500 g de fruits rouges frais ou surgelés
150 g à 200 g de sucre en poudre • le jus d'1/2 citron
50 cl de glace à la vanille

- Équeutez les fruits si nécessaire. Laissez décongeler les fruits si vous utilisez des fruits surgelés.
- Mixez les fruits rouges, 150 g de sucre et le jus de citron. Goûtez. Ajoutez du sucre si besoin.
- Formez des boules de glace et mettez-les dans des coupes. Nappez du coulis de fruits rouges.

GRATIN DE PRUNES ET DE PÊCHES AU MASCARPONE

Préparation : 15 min • Cuisson : 8 min • Pour 4 personnes

200 g de mascarapone • 30 g de sucre en poudre
8 prunes • 4 pêches ou nectarines • 4 c. à s. de sucre vanillé
50 g de pignons • 10 cl de caramel

- Préchauffez le four en position gril.
- Fouettez le mascarpone avec le sucre en poudre. Réservez au frais.
- Dénoyautez les prunes et les pêches puis coupez-les en 2. Placez-les dans un plat à gratin et saupoudrez-les de sucre vanillé. Placez les fruits sous le gril une fois qu'il est chaud et faites-les cuire jusqu'à ce qu'ils soient tendres et juteux, pendant 8 min environ.
- Nappez de mascarpone, parsemez de quelques pignons et arrosez d'1 filet de caramel.

Fruits rouges au mascarpone

Faites gratiner 250 g de fraises, 125 g de framboises et 50 g de groseilles avec du sucre vanillé. Servez avec du mascarpone fouetté avec 2 c. à s. d'eau de rose.

À la mousse de mascarpone

Ajoutez au mascarpone 2 blancs montés en neige avec 2 c. à s. de sucre.

Fruits caramélisés au vinaigre balsamique

Faites sauter des quartiers de pêche, 2 prunes coupées en deux et 8 oreillons d'abricot macérés dans 1/2 verre de vinaigre balsamique et 2 c. à s. de sucre. Servez avec le mascarpone sucré.

Fruits secs macérés

Faites macérer des rondelles de banane, 10 pruneaux, 10 abricots et 10 figues sèches dans 20 cl de muscat, 4 c. à s. de miel et 1 pincée de cannelle. Servez avec du mascarpone mélangé avec de la crème fouettée sucrée et des amandes grillées.

LASSI AU MELON ET À L'ABRICOT

Préparation : 4 min • Cuisson : aucune • Pour 4 personnes

5 abricots • 1 melon (environ 250 g de chair)
20 cl de lait • 40 g de sucre en poudre

- Lavez et dénoyautez les abricots.
- Ôtez les graines du melon et prélevez la chair.
- Mixez finement les fruits avec le lait et le sucre.
- Réservez pendant 30 min au frais avant de servir.

Au yaourt

Remplacez le lait par 1 yaourt brassé et mixez avec les fruits et le sucre.

À la pêche et au melon

Mixez 4 pêches et 1/2 melon coupés en dés, 1 c. à s. de jus de citron vert, 3 oranges pelées et 1/2 verre de lait.

À l'abricot et au lait d'amande

Mixez 4 abricots, 3 oranges pelées, le jus d'1/2 citron vert et 10 cl de lait d'amande.

À la mangue

Mixez la chair d'1 mangue avec 20 cl de lait, 2 yaourts et 1 c. à s. de miel. Saupoudrez de cannelle. Décorez de menthe.

À la clémentine

Remplacez le citron par le jus et le zeste d'1 clémentine, et ajoutez 100 g de poudre d'amandes.

Aux framboises

Mettez 1 c. à c. de pâte dans chaque alvéole, posez 4 framboises dessus et recouvrez d'1 c. à c. de pâte.

Au miel et au beurre salé

Prenez 120 g de beurre salé et 5 c. à s. de miel et réduisez le sucre à 50 g.

Au chocolat et aux cerises

Supprimez le citron et ajoutez à la pâte 80 g de chocolat noir fondu et 16 cerises fraîches, ou au sirop ou confites, coupées en dés. Enfournez.

MADELEINES

Préparation : 15 min • Cuisson : 8 min • Pour 30 madeleines

4 œufs • 175 g de sucre en poudre • 225 g de farine
1 sachet de levure chimique • le zeste d'1 citron • 100 g de beurre

- Fouettez les œufs et le sucre dans une terrine, jusqu'à ce que ce dernier soit entièrement fondu.
- Incorporez la farine tamisée et la levure ensemble, le zeste râpé du citron puis le beurre fondu.
- Beurrez les plaques de moules à madeleine, saupoudrez-les de farine et secouez-les pour faire tomber l'excédent.
- Répartissez la pâte dans les moules et laissez reposer pendant 20 min.
- Pendant ce temps, préchauffez le four à 220 °C.
- Faites cuire au four pendant 8 min environ.

MILKSHAKE À LA FRAISE, À LA BANANE ET AU COCO

Préparation : 5 min • Cuisson : aucune • Pour 4 personnes

2 bananes • 200 g de fraises • 10 cl de lait de coco • 6 glaçons

- Pelez les bananes et coupez-les en morceaux. Équeutez les fraises et coupez-les en 2.
- Mettez les fruits dans un blender. Ajoutez le lait de coco et les glaçons. Mixez le tout.
- Réservez au frais avant de servir.

Aux fraises et à la vanille

Mixez 150 g de fraises avec 30 cl de lait froid (lait de vache ou de soja), 2 c. à s. de sucre et 2 boules de glace à la vanille.

Aux fraises et aux framboises

Mixez 2 boules de glace à la vanille, 150 g de fraises, 100 g de framboises, 100 g de sucre, 12 cl de lait et des glaçons. Servez avec 1 rondelle de fraise, 2 framboises entières et de la menthe ciselée.

À la banane et au sorbet coco

Mixez 2 bananes, 2 boules de sorbet coco et 30 cl de lait de coco.

À la banane, à la noix de coco et à la glace à la vanille

Mixez 2 bananes en rondelles, 2 c. à s. de glace vanille, 2 c. à s. de noix de coco râpée et 30 cl de lait. Saupoudrez de cacao.

MINIMUFFINS AU CHOCOLAT ET AU CURRY

Préparation : 20 min • Cuisson : 20 min • Pour 12 minicakes

Pour les cœurs au chocolat : *2 blancs d'œufs • 50 g de sucre en poudre 50 g de poudre de noisettes • 1 c. à s. de cacao • 15 g de beurre*

Pour la pâte aux amandes au curry : *6 blancs d'œufs • 100 g de sucre 150 g de poudre d'amandes • 1/2 c. à c. de levure chimique 70 g de farine • 100 g de beurre • 1/2 c. à c. de curry*

- Préparez les cœurs au chocolat : montez les blancs en neige. Incorporez délicatement le sucre, la poudre de noisettes, le cacao et le beurre fondu refroidi. Répartissez dans des moules à minimuffin et laissez durcir au congélateur.
- Préchauffez le four à 180 °C.
- Pour la pâte aux amandes et au curry : montez les blancs en neige puis incorporez le sucre en continuant de battre. Incorporez délicatement la poudre d'amandes, la levure, la farine, le beurre fondu refroidi et le curry.
- Répartissez une cuillerée de pâte dans chaque moule à muffin. Déposez le cœur au chocolat congelé et répartissez le reste de la pâte.
- Faites cuire au four pendant 20 min.

Chocolat au piment d'Espelette

Ajoutez à la préparation au chocolat 1 pincée de piment d'Espelette. Servez avec des copeaux de chocolat.

Au chocolat-noisette et pamplemousse

Ajoutez au mélange chocolat et noisette 1 zeste de pamplemousse râpé.

Au chocolat et à la noix de coco

Remplacez la poudre de noisettes par 50 g de noix de coco râpée et ajoutez-en 1 pincée sur les minimuffins avant d'enfourner.

Aux carottes et au curry

Ajoutez à la pâte aux amandes 50 g de carottes râpées.

MOELLEUX AUX CERISES

Préparation : 20 min • Cuisson : 15 min • Pour 6 personnes

500 g de cerises • 4 œufs • 2 c. à s. de sucre en poudre • 30 g de farine
200 g de fromage blanc à 20 % • sel

- Préchauffez le four à 180 °C.
- Dénoyautez les cerises.
- Séparez les blancs des jaunes d'œufs. Battez les jaunes avec le sucre dans un saladier. Ajoutez la farine et le fromage blanc.
- Battez les blancs d'œufs en neige avec 1 pincée de sel et incorporez-les à la préparation. Ajoutez les cerises.
- Versez le mélange dans 6 ramequins ou moules individuels et faites cuire au four pendant 15 min. Servez tiède.

Aux cerises et aux amandes

Ajoutez à la farine 150 g de poudre d'amandes et remplacez le fromage blanc par 30 cl de lait et 2 c. à s. de rhum.

Aux cerises et au chocolat

Battez 4 jaunes d'œufs avec 100 g de sucre, ajoutez 70 g de farine, 150 g de chocolat fondu avec 125 g de beurre, 150 g de cerises coupées et dénoyautées et les blancs en neige.

Aux framboises

Mélangez 100 g de farine, 1/2 sachet de levure, 100 g de sucre, 50 g de beurre fondu, 2 œufs, 60 g de lait, 1 c. à c. de vanille liquide et 100 g de framboises.

Au citron vert et au pavot

Mélangez 90 g de farine, 30 g de beurre fondu, 2 œufs, 50 g de sucre, 1/2 sachet de levure, 50 g de mascarpone et 1 pincée de sel. Ajoutez le jus d'1 citron vert, 1/2 zeste râpé et des graines de pavot.

MOUSSE AU CHOCOLAT ET À LA FÈVE TONKA

Préparation : 15 min • Cuisson : 3 min • Pour 4 personnes

3 œufs • 50 g de sucre en poudre
100 g de chocolat noir à 60 % de cacao • 1 fève tonka • sel

- Cassez les œufs et séparez les blancs des jaunes.
- Fouettez les jaunes avec le sucre. Faites fondre le chocolat au bain-marie, retirez du feu. Ajoutez les jaunes et la fève tonka râpée. Réservez.
- Battez les blancs d'œufs en neige avec 1 pincée de sel et incorporez-les délicatement au chocolat. Faites un mouvement circulaire du bas vers le haut pour ne pas casser les blancs.
- Réservez pendant 1 h au frais avant de servir.

Au chocolat et aux fèves de cacao

Prenez 100 g de chocolat aux éclats de fèves de cacao, ajoutez 15 cl de crème fouettée et la fève râpée.

Au chocolat blanc et à la fève tonka

Faites fondre 100 g de chocolat blanc, ajoutez 25 cl de crème liquide montée en chantilly et râpez la fève tonka. Parsemez de copeaux de noix de coco.

Au chocolat et aux amandes

Faites fondre 200 g de chocolat noir. Ajoutez 50 g de beurre, 2 c. à c. d'extrait d'amande amère, 6 jaunes d'œufs, 2 sachets de sucre vanillé, 75 g de poudre d'amandes et 6 blancs en neige. Parsemez d'amandes effilées grillées à sec.

Au chocolat au lait et à l'orange

Faites fondre 100 g de chocolat noir avec 2 c. à s. de lait. Ajoutez 3 jaunes d'œufs, 100 g de sucre, des zestes d'orange confits et 3 blancs en neige.

MOUSSE CAPPUCCINO

Préparation : 20 min • Cuisson : 5 min • Pour 4 personnes

2 œufs • 200 g de chocolat noir • 20 cl de crème fouettée
2 c. à c. de café moulu à expresso

Pour la garniture : *20 cl de crème fraîche • 30 g de sucre glace*

- Séparez les blancs des jaunes. Râpez des copeaux de chocolat à l'aide d'un épluche-légumes. Réservez pour le décor. Cassez le reste du chocolat en morceaux.

- Faites chauffer la crème et ajoutez le café puis les morceaux de chocolat. Mélangez jusqu'à ce que le chocolat soit fondu et le mélange homogène. Ôtez du feu et incorporez les jaunes en fouettant. Laissez refroidir. Battez les blancs en neige et incorporez-les délicatement au chocolat. Répartissez la mousse dans des verrines.

- Montez la crème en chantilly et incorporez le sucre glace au fur et à mesure. Répartissez sur les mousses, puis placez au réfrigérateur pour 2 h au moins. Juste avant de servir, parsemez de copeaux de chocolat.

Au mascarpone

Fouettez 4 jaunes d'œufs, 120 g de sucre, 250 g de mascarpone, 3 c. à s. de café soluble dilué dans 2 c. à s. d'eau et 15 cl de crème montée en chantilly. Saupoudrez de cacao.

Au café, au chocolat et au rhum

Faites chauffer 20 cl de lait avec 2 c. à s. de café soluble et 175 g de chocolat noir fondu. Mixez avec 2 jaunes d'œufs, 1 c. à s. de rhum et 1/4 de c. à c. de cannelle. Ajoutez les blancs en neige.

Épicé

Ajoutez à 50 cl de café chaud 2 bâtons de cannelle, 5 clous de girofle et 4 petits piments. Laissez refroidir, filtrez et mixez avec 15 cl de crème et 2 c. à s. de sucre. Ajoutez 2 blancs en neige.

Au café et au caramel

Mixez 2 c. à c. de sirop de caramel, 50 cl de café, 15 cl de lait et 15 cl de crème. Ajoutez 2 blancs en neige et des dés de caramel au beurre salé.

Aux fruits rouges

Mélangez 4 yaourts nature avec 75 g de sucre glace. Versez sur 50 g de muesli par bol, répartissez des framboises, des myrtilles, des fraises des bois et des amandes effilées.

Aux framboises

Mélangez 3 pommes râpées, le jus d'1/2 citron, 400 g de fromage blanc, des rondelles de banane et 150 g de flocons d'avoine imbibés de lait. Nappez de coulis de framboises.

Aux abricots

Mélangez 200 g de yaourt et 1 blanc d'œuf monté en neige avec 40 g de sucre glace. Placez dans des moules à muffin au congélateur. Servez avec des tranches d'abricot, du coulis d'abricots, 1 c. à s. de muesli et des noisettes.

À la mangue et aux pistaches

Dans chaque coupe, versez sur des pistaches cxoncassées 2 c. à s. de miel, 100 g de Fjord®, 50 g de muesli et des dés de mangue.

MUESLI AU CASSIS

Préparation : 5 min • Cuisson : 3 min • Pour 6 personnes

200 g de confiture de cassis • 5 cl de crème de cassis (facultatif)
50 cl de glace à la vanille • 200 g de muesli aux noisettes

- Faites fondre la confiture de cassis avec la crème de cassis à feu très doux. Laissez tiédir.
- Mettez 2 boules de glace à la vanille dans chaque coupe.
- Parsemez généreusement de muesli aux noisettes.
- Nappez de confiture tiède et servez aussitôt.

MUFFINS À LA BANANE ET AUX PÉPITES DE CHOCOLAT

Préparation : 10 min • Cuisson : 20 min • Pour 12 muffins

100 g de flocons d'avoine • 180 g de farine de blé complet
130 g de sucre en poudre • 1 sachet de levure chimique
1 œuf • 100 g de compote de pommes • 125 g de yaourt nature
8 cl d'huile • 1 banane • 100 g de pépites de chocolat • 1 pincée de sel

- Préchauffez le four à 180 °C.
- Mélangez les flocons d'avoine, la farine, le sucre, la levure et le sel dans un saladier.
- Battez l'œuf avec la compote, le yaourt et l'huile dans un autre récipient. Écrasez la banane en purée et ajoutez-la.
- Mélangez les deux préparations jusqu'à avoir un mélange homogène.
- Ajoutez les pépites de chocolat et répartissez la préparation dans des moules à muffin.
- Faites cuire au four pendant 20 min.

Façon strudel

Avant d'enfourner, ajoutez sur la pâte un peu de beurre amolli et mélangé à 1 c. à c. de cannelle, 50 g d'éclats de noix et 40 g de sucre roux.

Aux noix et aux 4-épices

Remplacez les pépites de chocolat par 100 g de cerneaux de noix et ajoutez à la pâte 1 c. à c. de 4-épices.

À la banane et aux noix de pécan

Mélangez 2 œufs, 1 yaourt, 80 g de beurre fondu. Ajoutez 120 g de sucre, 220 g de farine, la levure, 2 bananes coupées en dés et 20 noix de pécan coupées et caramélisées dans 4 c. à s. de sirop d'érable. Enfournez.

À la banane et aux noix de pécan

Mélangez 2 œufs, 1 yaourt, 80 g de beurre fondu. Ajoutez 120 g de sucre, 220 g de farine, la levure, 2 bananes coupées en dés et 20 noix de pécan coupées et caramélisées dans 4 c. à s. de sirop d'érable. Enfournez.

MUFFINS À LA FRAMBOISE ET AU BASILIC

Préparation : 10 min • Cuisson : 25 min • Pour 6 muffins

180 g de farine • 60 g de sucre en poudre • 2 c. à c. de levure chimique
2 œufs • 5 cl d'huile • 16 cl de lait • le zeste d'1 citron
2 c. à s. de basilic haché • 130 g de framboises • sel

- Préchauffez le four à 180 °C.
- Mélangez la farine, le sucre, la levure et 1 pincée de sel dans un saladier.
- Battez les œufs avec l'huile et le lait dans un autre saladier. Ajoutez le zeste de citron et le basilic.
- Mélangez les deux préparations jusqu'à avoir une pâte homogène. Incorporez délicatement les framboises.
- Versez dans des moules à muffin beurrés. Faites cuire au four pendant 25 min.

Aux mûres et au basilic

Remplacez les framboises par 130 g de mûres à incorporer dans la pâte parfumée au zeste de citron et au basilic.

Aux framboises, aux myrtilles et à la rose

Remplacez le zeste de citron par 3 c. à s. d'eau de rose et ajoutez 50 g de myrtilles.

Aux framboises et à l'amaretto

Ajoutez à la pâte 1 poignée d'amandes mondées concassées et parfumez avec 10 cl d'amaretto.

Aux poires et au gingembre

Faites bouillir 50 cl de thé à la bergamote fort avec le jus de 4 citrons verts et 200 g de sucre. dans une casserole. Faites cuire 6 poires entières pelées dans ce mélange pendant 5 min.

MUFFINS AU CHOCOLAT

Préparation : 10 min • Cuisson : 25 min • Pour 6 muffins

120 g de chocolat pâtissier • 80 g de beurre • 3 œufs
100 g de sucre en poudre • 80 g de farine • 1/2 sachet de levure chimique
80 g de pépites de chocolat v 1 pincée de sel

- Préchauffez le four à 180 °C.
- Cassez le chocolat en morceaux et faites-le fondre à feu doux avec 1 c. à s. d'eau. Coupez le beurre en morceaux et ajoutez-le au chocolat fondu. Mélangez et réservez.
- Cassez les œufs et séparez les jaunes des blancs. Fouettez le sucre et les jaunes jusqu'à ce que le mélange blanchisse.
- Montez les blancs en neige avec le sel.
- Ajoutez le mélange chocolat-beurre à la préparation jaunes-sucre et mélangez. Ajoutez ensuite la farine et la levure, puis incorporez délicatement les blancs en neige et les pépites de chocolat.
- Répartissez la pâte dans des moules individuels. Faites cuire au four pendant 25 minutes.

Au chocolat et aux marrons

Utilisez de la farine de châtaigne. Ajoutez 50 g de marrons cuits coupés en morceaux aux pépites de chocolat. Enfournez, saupoudrez de sucre glace.

Cœur au chocolat fondant

Battez 3 œufs, 2 c. à s. de sucre. Ajoutez 60 g de farine, 1/2 sachet de levure, 200 g de chocolat noir et 100 g de beurre fondus. Versez dans les moules et placez 1 carré de chocolat au centre pour le cœur fondant.

Au chocolat et à l'orange

Ajoutez à la préparation 1 c. à s. de jus d'orange, des dés d'oranges confites et 1/2 zeste râpé d'1 orange.

Au chocolat au lait et au caramel

Préparez la pâte avec 125 g de chocolat au lait fondu et placez 1 caramel mou au milieu de chaque moule.

OURSONS AU CITRON

Préparation : 20 min • Cuisson : 15 min • Pour environ 40 sablés

125 g de beurre amolli • 125 g de sucre en poudre
2 c. à c. de zestes de citron • 1 c. à s. de jus de citron • 2 jaunes d'œufs
155 g de farine de blé • 100 g de farine de maïs
1 c. à s. de sucre glace (facultatif)

- Préchauffez le four à 160 °C.
- Recouvrez une plaque de cuisson d'une feuille de papier sulfurisé.
- Travaillez le beurre et le sucre en pommade dans un saladier, puis incorporez les zestes et le jus de citron, les jaunes d'œufs et les 2 farines. Mélangez jusqu'à l'obtention d'une boule de pâte souple.
- Abaissez cette pâte sur 1 cm d'épaisseur. Découpez des sablés à l'aide d'un emporte-pièce et déposez-les sur la plaque de cuisson. Faites cuire au four pendant 15 min, jusqu'à ce qu'ils soient dorés.
- Laissez refroidir sur une grille et saupoudrez éventuellement de sucre glace.

Glaçage au citron

Mélangez 35 g de sucre glace, 2 c. à s. de jus de citron et quelques gouttes de colorant jaune. Badigeonnez les oursons cuits.

À l'orange

Remplacez le citron dans la pâte par le jus et les zestes d'1 orange.

Sablés au citron et aux amandes

Malaxez 120 g de beurre amolli et 90 g de sucre glace. Ajoutez 1 blanc d'œuf et les zestes de citron, 200 g de farine, 70 g de poudre d'amandes et le jus d'1 citron. Déposez 1 c. à s. de pâte sur la plaque beurrée, parsemez d'amandes effilées et enfournez pour 10 min.

Biscuits au citron vert et à l'anis

Préparez la pâte avec le jus et les zestes d'1 citron vert et ajoutez 1 c. à s. de graines d'anis.

PANNACOTTA AUX FRUITS ROUGES

Préparation : 20 min • Cuisson : 5 min • Pour 4 personnes

2 feuilles de gélatine • 37,5 cl de crème fouettée
120 g de sucre en poudre • 1 goutte d'extrait de vanille
250 g de fruits rouges surgelés • 4,5 cl de vin blanc doux

- Faites trempez la gélatine dans un bol d'eau froide pendant 10 min. Essorez-la.

- Portez 7 cl d'eau à ébullition dans une casserole et faites-y fondre la gélatine.

- Chauffez la crème et 60 g de sucre dans une casserole à feu moyen et mélangez jusqu'à ce que le sucre soit dissous. Ôtez du feu.

- Incorporez l'extrait de vanille et la gélatine. Répartissez la préparation dans 4 verres individuels. Couvrez et réservez au frais jusqu'à ce que la crème soit prise, pendant 3 h environ.

- Mélangez les fruits rouges et le reste du sucre dans un saladier. Écrasez légèrement les fruits avec une cuillère. Incorporez le vin. Laissez reposer pendant 2 h à température ambiante en remuant souvent.

- Pour servir, versez le vin aux fruits rouges sur les pannacottas.

Fruits rouges au basilic

Servez la pannacotta avec 250 g de fruits rouges mixés avec 10 feuilles de basilic.

À l'amande amère et aux figues

Faites chauffer 20 cl de crème fleurette et 10 cl de lait. Ajoutez 2 feuilles de gélatine ramollies et 1 c. à c. d'arôme d'amande amère. Servez avec 6 figues confites avec 1 zeste d'orange et 4 c. à s. de miel.

Aux fruits de la Passion

Chauffez 35 cl de crème fluide, 15 cl de lait, 40 g de sucre, 1 g d'agar-agar et 1 gousse de vanille fendue. Ôtez la gousse. Servez la pannacotta refroidie avec la pulpe de fruits de la Passion.

Au chocolat blanc

Faites fondre 100 g de chocolat blanc, versez 50 cl de crème liquide et 10 cl de lait chauffés. Ajoutez 2 feuilles de gélatine ramollies. Servez avec un coulis de framboises.

Aux raisins secs

Ajoutez à la pâte 1 pincée de muscade et 4 c. à s. de raisins secs gonflés dans le rhum.

Au chocolat et à la noix de coco

Faites fondre 125 g de beurre, ajoutez 100 g de chocolat en carrés, 50 g de sucre et 8 c. à s. de lait. Trempez les pavés de biscuit dans cette sauce et roulez-les dans la noix de coco râpée.

Aux noix

Mélangez 125 g de farine de châtaigne et 125 g de farine de blé, et ajoutez à la pâte 125 g de cerneaux de noix.

Aux fruits confits

Remplacez la cannelle par de la vanille en poudre et ajoutez à la pâte 130 g de fruits confits coupés en dés et 1 c. à s. de rhum. Saupoudrez les pavés de sucre glace.

PAVÉS À LA CANNELLE

Préparation : 15 min • Cuisson : 25 min • Pour 6 personnes

250 g de farine • 1 sachet de levure chimique • 180 g de sucre en poudre 1 c. à s. de cannelle moulue • 2 œufs • 25 cl de lait • 100 g de beurre doux

- Préchauffez le four à 180 °C.
- Mélangez la farine, la levure, le sucre et la cannelle dans un saladier.
- Battez les œufs avec le lait et incorporez-les rapidement à la farine.
- Faites fondre le beurre et ajoutez-le : la pâte doit être lisse.
- Versez cette préparation dans un moule carré de 20 cm de côté chemisé d'un papier sulfurisé.
- Faites cuire au four pendant 25 min. Laissez reposer pendant 20 minutes avant de démouler.
- Quand le gâteau est totalement refroidi, découpez-le en carrés.

À la bière blonde

Faites réduire 35 cl de bière, 3 c. à s. de sirop d'érable et la cannelle, et nappez les pêches pelées. Ajoutez 1/2 c. à c. de gingembre râpé et le zeste d'1 limette.

Bricks de pêches

Faites sauter 4 pêches coupées en dés dans 50 g de beurre, du sucre roux et de la cannelle. Déposez dans les feuilles de brick, refermez, badigeonnez de jaune d'œuf, faites dorer au beurre.

Raita de poires et de pêches

Faites mariner des dés de poire et de pêche dans du jus de citron. Servez avec du yaourt fouetté avec de la crème, du miel, du gingembre et de la cannelle.

Pêches grillées

Imprégnez les demi-pêches de vinaigre balsamique mélangé à du miel et à de la cannelle. Faites-les sauter au beurre salé, servez avec de la crème fouettée.

PÊCHES À LA CANNELLE

Préparation : 5 min • Cuisson : 5 min • Pour 4 personnes

1 boîte de pêches au sirop • 1 gousse de vanille • 2 bâtons de cannelle
1 sachet de sucre vanillé • 1 c. à s. de sirop d'érable

- Égouttez les pêches en réservant le sirop. Versez le sirop dans une casserole.
- Ouvrez la gousse de vanille en 2 dans le sens de la longueur et grattez les graines dans la casserole. Ajoutez les bâtons de cannelle et le sucre vanillé.
- Portez à ébullition, puis ôtez du feu. Déposez les oreillons de pêche dans le sirop. Ajoutez le sirop d'érable, couvrez et laissez infuser jusqu'à refroidissement.
- Placez au frais 1 h au moins avant de servir dans des coupes.

POIRES POCHÉES AU COULIS DE GROSEILLES

Préparation : 10 min • Cuisson : 10 min • Pour 4 personnes

4 poires mûres • le jus d'1 citron

Pour le coulis : *225 g de fraises ou de framboises fraîches ou surgelées*
4 grappes de groseilles pour le décor

- Pelez les poires, coupez-les en 4 et ôtez les cœurs. Disposez-les dans une casserole large à fond peu profond, côté cœur contre le fond, en une seule couche.

- Mélangez le jus de citron avec assez d'eau froide pour recouvrir les poires. Portez à ébullition, baissez le feu et laissez mijoter doucement de 5 à 10 min, jusqu'à ce que les poires soient tendres. Le temps de cuisson dépend de la variété et de la maturité des fruits. Les poires doivent rester assez fermes, mais assez moelleuses pour y planter une fourchette à dessert.

- Répartissez les poires dans 4 assiettes à dessert et laissez refroidir.

- Équeutez-les fraises ou les framboises s'il y a lieu. Mixez-les, puis passez-les à travers un chinois pour retirer les akénes.

- Versez le coulis autour des poires et décorez d'1 grappe de groseilles avant de servir.

Au porto

Pochez les quartiers de poire dans 50 cl de porto porté à ébullition avec 80 g de sucre et 1 c. à c. de 4-épices. Laissez réduire le jus, nappez les poires et servez avec le coulis de fruits rouges.

À la menthe

Pochez les poires dans 50 cl d'eau, 50 cl de vin blanc, 100 g de miel, 8 grains de poivre concassés et de la menthe. Faites réduire. Accompagnez de glace à la vanille.

Au coulis de mûres

Pochez les poires dans un sirop de fleurs d'hibiscus. Égouttez et parsemez de pralines concassées. Nappez de jus de mûre : 250 g de mûres cuites avec 50 g de sucre et 2 cl d'eau, filtrez.

À l'anis

Pochez les poires dans 50 cl d'eau avec 2 c. à c. de graines d'anis, 2 c. à c. de graines de cardamome et 2 c. à c. de sucre. Faites réduire et nappez.

À l'eau de rose

Imbibez de lait du pain rassis, saupoudrez de sucre. Versez 2 œufs battus avec 1 c. à s. d'eau de rose, ajoutez les fruits rouges. Enfournez pour 30 min à 200 °C.

Au lait concentré

Disposez les fruits rouges sur des cubes de pain de mie. Versez 2 œufs battus avec 40 cl de lait sucré. Enfournez pour 35 min à 180 °C.

Aux pommes

Versez sur du pain beurré et coupé la moitié de 2 œufs fouettés avec 50 g de sucre, 40 cl de lait et 1/2 c. à c. de cannelle. Posez des pommes caramélisées au beurre et au sucre, du pain et des œufs. Enfournez.

Rhum-raisins

Versez sur du pain rassis 50 cl de lait mélangé à 4 c. à s. de sucre roux, 1 c. à s. de rhum, 50 g de raisins secs et des amandes effilées. Enfournez.

PUDDING AUX FRUITS ROUGES

Préparation : 15 min • Cuisson : 5 min • Pour 4 personnes

500 g de framboises • 250 g de myrtilles • 125 g de groseilles
12 tranches de pain de mie • 6 c. à s. de sucre en poudre
50 cl de crème anglaise (facultatif)

- Chemisez 4 moules individuels de film alimentaire pour faciliter le démoulage.
- Faites cuire les fruits rouges avec 10 cl d'eau et le sucre dans une casserole pendant 5 min. Réservez.
- Ôtez la croûte des tranches de pain de mie. Découpez-en 8 en disques et coupez les 4 autres en 12 bandes de même longueur. Déposez 1 disque au fond de chaque moule. Disposez 3 bandes sur les côtés pour former les bords.
- Répartissez les fruits rouges en réservant un peu de jus. Refermez les puddings avec les 4 disques restants et arrosez d'un peu de jus.
- Couvrez les ramequins d'un film alimentaire et posez un poids sur le dessus. Laissez au réfrigérateur pendant 12 h.
- Démoulez et servez arrosé du reste de jus ou accompagné d'une crème anglaise.

ROULÉ À LA CONFITURE DE FRAISES

Préparation : 30 min • Cuisson : 10 min • Pour 6 personnes

4 œufs • 125 g de sucre en poudre • 125 g de farine
2 sachets de sucre vanillé • 1 c. à c. de levure
1 pot de confiture de fraises • 1 c. à s. de sucre glace

- Préchauffez le four à 210 °C.
- Cassez les œufs en séparant les blancs des jaunes.
- Fouettez le sucre et les jaunes dans un saladier jusqu'à ce que le mélange blanchisse. Ajoutez petit à petit la farine tamisée, le sucre vanillé et la levure.
- Battez les blancs en neige, puis incorporez-les au mélange précédent.
- Tapissez la plaque du four de papier sulfurisé et versez la pâte dessus.
- Faites cuire au four pendant 10 min.
- Une fois la cuisson terminée, roulez le biscuit immédiatement avec le papier sulfurisé.
- Laissez-le refroidir, puis déroulez-le et retirez le papier.
- Étalez la confiture sur la pâte et roulez le gâteau de nouveau, puis saupoudrez de sucre glace.

Aux fraises sautées

Ajoutez à la pâte 1 c. à s. de rhum et servez avec des fraises revenues 5 min dans 30 g de beurre salé et 30 g de sucre roux. Hors du feu, nappez d'1 trait de vinaigre balsamique.

Fraises et crème pâtissière

Mélangez 4 jaunes, 125 g de sucre, ajoutez 125 g de farine. Incorporez les blancs en neige. Étalez, enfournez. Remplacez la confiture par 125 g de fraises coupées en dés et mélangées à de la crème pâtissière, roulez, servez frais.

Fraises et crème fouettée

Ajoutez à la pâte quelques gouttes de colorant rouge. Faites cuire 8 fraises mixées avec 15 g de sucre. Refroidies, mélangez à 15 cl de crème fouettée et étalez sur la pâte cuite.

Framboises

Utilisez de la confiture de framboises et servez avec des framboises saupoudrées de sucre glace.

SABLÉS AU MIEL

Préparation : 20 min • Cuisson : 12 min • Pour 4 personnes

220 g de beurre amolli • 125 g de miel
500 g de farine • 1 pincée de sel

- Préchauffez le four à 180 °C.
- Mélangez le beurre, le miel et le sel.
- Ajoutez 500 g de farine cuillerée par cuillerée et pétrissez à la main.
- Étalez la pâte et découpez les sablés à l'aide d'un emporte-pièce. Faites cuire au four pendant 12 min.

Au miel et au gingembre

Mélangez 320 g de farine, 1 c. à c. de gingembre en poudre, 1 pincée de sel, 150 g de miel, 100 g de beurre amolli et ajoutez 1 œuf.

Au miel et aux graines de sésame

Ajoutez à la pâte 3 c. à s. de graines de sésame. Découpez, enfournez.

Au miel et aux amandes

Préparez la pâte avec du beurre demi-sel et ajoutez 100 g de poudre d'amandes et 50 g d'amandes effilées et grillées.

Au miel et au citron

Ajoutez des zestes d'1 citron blanchis et râpés.

SALADE DE FRAISES ET DE PHYSALIS

Préparation : 15 min • Cuisson : aucune • Pour 6 personnes

1 kg de fraises • 300 g de physalis

Pour la sauce : *le jus de 2 citrons verts • 5 c. à s. de miel liquide*
2 c. à c. d'huile • 2 c. à c. de cannelle

- Lavez les fraises et équeutez-les. Ôtez la peau des physalis, en en gardant quelques-uns pour le décor.

- Mélangez le jus de citron, le miel, l'huile et la cannelle dans un saladier. Ajoutez les fruits et remuez délicatement pour les enrober. Réservez au frais pendant 1 h au moins avant de servir, en remuant de temps en temps.

Poires et physalis

Mélangez 1/2 c. à c. de cannelle, 2 c. à s. de miel, le jus de 2 oranges et 4 c. à s. d'eau de fleur d'oranger. Arrosez les quartiers de poire et de physalis.

Au coulis de framboises

Faites cuire 150 g de framboises, 50 g de sucre et les graines pilées d'1 capsule de cardamome. Versez sur les fraises et les physalis.

Fraises et mangues

Faites tiédir 3 c. à s. de miel d'oranger avec le jus d'1 citron. Ajoutez des dés de mangue, des quartiers de fraise et de la menthe ciselée.

Multifruit

Faites bouillir 50 cl d'eau avec 100 g de sucre et 1 gousse de vanille fendue, laissez tiédir. Ajoutez le jus d'1 pamplemousse et d'1 orange. Versez sur des physalis des framboises, des mûres, des myrtilles, des fraises et des dés de pomme et de poire. Parsemez de coriandre ciselée.

SALADE DE FRUITS FAÇON MOJITO

Préparation : 15 min • Cuisson : aucune • Pour 4 personnes

1 bouquet de menthe • 6 cl de sucre roux
12,5 cl de rhum blanc • le jus de 2 citrons verts
1 kg de fruits de saison au choix : pastèque, raisin, ananas, pomme, mangue, papaye…

- Réservez quelques feuilles de menthe pour le décor. Mettez le reste de menthe et le sucre dans un blender et mixez. Versez dans un saladier. Incorporez le rhum et le jus des citrons verts.

- Préparez les fruits : pelez, épépinez, égrénez et coupez en morceaux selon les variétés. Ajoutez-les au saladier et remuez pour bien enrober les fruits. Réservez au frais pendant 1 h.

- Servez décoré de feuilles de menthe, et éventuellement accompagné d'1 boule de sorbet au citron.

Au rhum et au gingembre

Versez le jus de 2 oranges mélangé à 3 c. à s. de rhum ambré et à du gingembre frais râpé sur des rondelles de banane, de kiwi, des dés de mangue, de melon, de pastèque et des raisins secs.

Salade exotique au Cointreau

Mélangez des graines de grenade, des dés de kaki, de papaye, de mangue et de kiwi. Versez 10 cl de Cointreau mélangé au jus de 2 citrons verts et à 30 g de sucre. Parsemez de menthe fraîche.

Fruits rouges au vinaigre balsamique

Versez 2 c. à s. de vinaigre balsamique sur 250 g de fraises coupées, 150 g de fraises des bois et 250 g de framboises. Parsemez de sucre roux et de baies roses.

Fruits à l'amaretto

Mélangez des quartiers de pêche, d'abricot et de melon. Arrosez d'amaretto et parsemez d'amandes grillées.

Pomme-pêche

Mixez 2 pêches, 1 banane, 20 cl de jus de pomme, 10 cl de yaourt, 1 c. à c. de cannelle et 3 glaçons.

Pomme-kiwi-framboise

Mixez 1 pomme, 3 kiwis, 200 g de framboises, 1 yaourt nature et 2 c. à s. de miel.

Pomme-fraise-gingembre

Mixez 250 g de fraises, 2 pommes coupées en dés, 1 c. à s. de jus de citron, 1/2 c. à c. de gingembre et 1/2 c. à c. de cannelle.

Épices-poire-prune

Mixez 1 yaourt nature brassé, 2 c. à c. de miel, 1 poire, 150 g de prunes et 1 pincée de 4-épices.

SMOOTHIE À LA POMME

Préparation : 10 min • Cuisson : aucune • Pour 4 personnes

4 pommes • 1/2 gousse de vanille
4 c. à s. de sucre en poudre • 1/4 de c. à c. de cannelle moulue

- Pelez les pommes et ôtez le cœur et les pépins.
- Grattez les graines de la gousse de vanille et mettez-les dans un blender avec les pommes, 20 cl d'eau, le sucre et la cannelle. Mixez finement.
- Ajoutez un peu d'eau si le mélange est trop épais. Servez frais.

Framboise-cardamome

Ajoutez les graines de 2 capsules de cardamome pilées.

Framboise-crème de cassis

Mixez 400 g de framboises et filtrez. Faites fondre 75 g de sucre dans 15 cl d'eau, retirez du feu et ajoutez 1 c. à s. de crème de cassis. Laissez refroidir. Mélangez aux framboises. Laissez prendre au froid.

Framboise-eau de rose

Faites chauffer 20 cl d'eau et 100 g de sucre, laissez refroidir. Mixez 500 g de framboises avec 2 c. à s. d'eau de rose et le sirop refroidi. Faites turbiner.

Fraise-basilic

Mixez 500 g de fraises et 3 branches de basilic, et ajoutez 100 g de sucre fondu dans 15 cl d'eau. Faites turbiner.

SORBET À LA FRAMBOISE

Préparation : 15 min • Cuisson : 3 min • Pour 4 personnes

180 g de sucre en poudre • 500 g de framboises • le jus d'1 citron

- Mettez le sucre dans une casserole et faites-le fondre dans 10 cl d'eau à feu doux. Portez à ébullition, ôtez du feu et laissez refroidir.

- Lavez rapidement les framboises. Mixez-les avec le jus de citron. Ajoutez le sirop refroidi et versez la préparation dans une sorbetière. Turbinez.

TARTE AUX PÊCHES ET AUX FRUITS ROUGES

Préparation : 25 min • Cuisson : 20 min • Pour 2 personnes

1 pâte sablée à dérouler • 20 cl de crème fraîche allégée
2 c. à s. de sucre glace • le zeste râpé d'1/2 citron
2 pêches • 150 g de mûres • 150 g de fraises des bois
quelques feuilles de menthe pour le décor

- Préchauffez le four à 175 °C.
- Étalez la pâte dans un moule à tarte à fond amovible d'environ 25 cm de diamètre. Piquez le fond de pâte à l'aide d'une fourchette et réservez au frais pendant 10 min.
- Pendant ce temps, montez la crème en chantilly en incorporant le sucre glace et le zeste de citron au fur et à mesure. Réservez au frais. Dénoyautez les pêches et coupez-les en quartiers. Réservez.
- Faites cuire la pâte à blanc pendant 20 min, jusqu'à ce qu'elle soit dorée et croustillante. Laissez refroidir à température ambiante.
- Juste avant de servir, garnissez la pâte de chantilly. Déposez les fruits par-dessus et décorez avec quelques feuilles de menthe.

Fruits rouges

Étalez des myrtilles, des framboises et des groseilles sur la pâte cuite à blanc. Battez 3 jaunes d'œufs battus avec 125 g de sucre, 45 g de farine et 50 cl de lait bouillant, faites épaissir, versez sur les fruits.

Aux pêches et à la lavande

Saupoudrez la pâte de poudre d'amandes. Posez les quartiers de pêche, versez du miel de lavande, parsemez de fleurs de lavande, enfournez.

Crème à l'amaretto

Battez 1 œuf, 20 g de sucre, ajoutez 20 g de farine et 15 cl de lait vanillé. Faites épaissir à feu doux, ajoutez 15 g de beurre, 2 cl d'amaretto et 80 g de poudre d'amandes. Versez sur les pêches.

Aux mirabelles

Étalez sur la pâte des mirabelles, versez 1 œuf battu avec 50 g de beurre fondu et 100 g de sucre, dispersez 50 g de pignons, enfournez.

TARTE MERINGUÉE AU CITRON

Préparation : 30 min • Cuisson : 25 min • Pour 6 à 8 personnes

1 pâte sablée prête à dérouler • 2 c. à s. de Maïzena • 2 citrons
75 g de sucre en poudre • 3 œufs • 150 g de sucre glace • sel

- Préchauffez le four à 180 °C.

- Étalez la pâte sablée dans un moule à tarte de 26 à 28 cm de diamètre. Piquez le fond avec une fourchette. Faites-la cuire à blanc au four pendant 10 min.

- Délayez la Maïzena dans 5 cl d'eau. Faites chauffer le jus et les zestes des citrons, le sucre et la Maïzena dans une casserole. Portez à ébullition et laissez frémir pendant 3 min. Ôtez du feu et incorporez les jaunes d'œufs. Répartissez la crème sur la tarte et enfournez de nouveau pour 5 min.

- Battez les blancs en neige avec 1 pincée de sel. Ajoutez le sucre glace petit à petit. Répartissez la meringue sur la tarte à l'aide d'une poche à douille et faites cuire au four pendant 10 min à 180 °C pour avoir une meringue moelleuse, ou pendant 20 min à 150 °C pour avoir une meringue plus croquante.

Pâte sablée maison

Malaxez 170 g de farine, 70 g de sucre roux et 90 g de beurre salé. Ajoutez 1 œuf. Formez une boule, laissez reposer.

Au citron vert

Battez 100 g de sucre, 4 œufs, 20 cl de crème fraîche, le zeste et 15 cl de jus de citron vert. Versez sur le fond de tarte et enfournez pour 25 min. Étalez la meringue et chauffez avec un chalumeau.

À l'orange

Fouettez 150 g de sucre, 3 œufs et 2 c. à c. de fécule de maïs. Ajoutez le jus de 3 oranges et 120 g de beurre fondu. Faites épaissir à feu doux. Ajoutez à la meringue des zestes d'orange râpés fin.

Au pamplemousse

Faites chauffer le jus et les zestes de 2 pamplemousses. Ajoutez 200 g de sucre, 1 c. à s. de fécule et 3 œufs battus. Faites épaissir à feu doux. Versez sur le fond de tarte cuit.

TARTE PAYSANNE AUX PRUNEAUX ET AUX FIGUES

Préparation : 20 min • Cuisson : 35 min • Pour 6 personnes

1 pâte sablée prête à dérouler • 20 cl de crème liquide
30 g de sucre en poudre • 1 œuf • 50 g de poudre d'amandes
8 pruneaux dénoyautés • 6 grosses figues violettes

- Étalez la pâte dans un moule à tarte. Réservez au frais.
- Fouettez la crème et le sucre en poudre jusqu'à ce que le mélange devienne mousseux. Incorporez l'œuf battu et la poudre d'amandes. Préchauffez le four à 180 °C.
- Versez la préparation sur la pâte.
- Répartissez les pruneaux et les figues coupées en 2 sur la préparation. Faites cuire au four pendant 35 min.

Aux pommes et aux pruneaux

Faites confire des pommes dans du beurre, ajoutez 150 g de pruneaux dénoyautés, 4 c. à s. d'armagnac, 30 cl de crème épaisse battue avec 65 g de cassonade, 1 œuf et 1 c. à s. de fécule. Versez sur la pâte. Enfournez.

Aux figues et au raisin

Ajoutez des grains de raisin noir aux figues. Versez 3 œufs battus avec 100 g de sucre, 25 cl de crème épaisse, 1 c. à s. de cannelle et 1 sachet de sucre vanillé. Enfournez pour 40 min.

Aux figues et aux noix

Étalez 100 g de beurre mélangé à 100 g de noix concassées, 100 g de sucre, 1 œuf, 8 cl de calvados et 20 g de farine sur la pâte précuite à blanc. Posez les figues, enfournez pour 30 min.

Aux figues et au miel

Étalez sur la pâte 300 g de mascarpone fouetté avec 3 c. à s. de miel, 1 jaune d'œuf et 1 blanc d'œuf en neige. Posez les figues, enfournez pour 30 min.

TARTELETTES AUX POMMES

Préparation : 15 min • Cuisson : 10 min • Pour 4 personnes

2 pâtes feuilletées prêtes à dérouler • 50 g de pâte d'amandes
2 pommes • 1 c. à c. de sucre • 1 c. à c. de cannelle moulue

- Coupez 4 carrés dans les pâtes feuilletées. Déposez-les sur une plaque de cuisson recouverte de papier sulfurisé. Piquez-les à l'aide d'une fourchette. Émiettez la pâte d'amandes sur les pâtes.
- Ôtez les cœurs des pommes et tranchez-les. Mettez-les dans un saladier. Mélangez le sucre et la cannelle, versez le mélange sur les pommes et mélangez pour bien enrober les fruits. Disposez-les sur les pâtes.
- Faites cuire au four pendant 10 min. Servez tiède, éventuellement avec de la crème glacée à la cannelle.

À la crème de marrons

Fouettez 3 jaunes d'œufs, 10 g de sucre, ajoutez 30 g de fécule et 25 cl de lait vanillé bouillant, faites épaissir. Ajoutez 20 g de beurre et 3 c. à s. de crème de marron. Incorporez 10 cl de crème fouettée. Étalez sur la pâte cuite et déposez des pommes caramélisées.

Au pralin

Versez sur les lamelles de pomme posées sur la pâte 2 œufs battus avec 15 cl de crème, 40 g de sucre et 4 c. à s. de pralin. Enfournez.

Au calvados

Arrosez les quartiers de pomme de calvados, de la cannelle et du sucre. Disposez sur la pâte précuite 5 min. Enfournez.

À la compote

Faites cuire 2 pommes avec 20 g de beurre et 30 g de sucre. Étalez la compote sur la pâte, puis disposez les lamelles de pomme, saupoudrez de sucre vanillé et de cannelle, enfournez.

Au lait concentré

Faites fondre 100 g de chocolat et 40 g de beurre. Ajoutez 10 cl de lait concentré non sucré chaud et 2 feuilles de gélatine ramollies. Versez sur la pâte cuite à blanc couverte de framboises.

À la mousse de chocolat blanc

Versez sur le fond de pâte cuite à blanc 100 g de chocolat blanc fondu et mélangé à 20 cl de crème montée en chantilly, déposez les framboises. Servez frais.

Au chocolat noir

Versez sur la pâte cuite à blanc 150 g de chocolat noir fondu avec 40 cl de crème et 50 g de beurre. Déposez les framboises.

Au mascarpone et aux framboises

Saupoudrez la pâte brisée de poudre d'amandes. Versez 1 œuf battu avec 2 c. à s. de sucre, 150 g de mascarpone et 10 cl de lait. Déposez les framboises et enfournez pour 35 min.

TARTELETTES AUX FRAMBOISES ET AU CHOCOLAT BLANC

Préparation : 30 min • Cuisson : 15 min • Pour 8 minitartelettes

1 pâte à tarte prête à dérouler • 2 g d'agar-agar
20 cl de crème fraîche liquide • 1 tablette de chocolat blanc
250 g de framboises

- Préchauffez le four à 180 °C.
- Étalez la pâte dans 8 moules à tartelette de 10 cm de diamètre.
- Remplissez les tartelettes de légumes secs et faites-les cuire au four à blanc pendant 15 min.
- Diluez l'agar-agar dans la crème fraîche. Faites fondre le chocolat blanc dans une casserole à feu doux. Ajoutez la crème et laissez cuire pendant 3 min.
- Versez la crème dans les moules à tartelette. Répartissez les framboises dessus et réservez pendant 2 h au frais.

Aux coings

Faites confire dans le plat des tranches de coings pelés dans 75 g de beurre et 2 c. à s. de miel. Ajoutez de la cannelle, déposez la pâte. Enfournez.

Aux mangues

Coupez 2 mangues en tranches épaisses. Récupérez le jus et celui de 3 fruits de la Passion, faites chauffer avec 50 g de sucre, 50 g de beurre et 2 c. à s. de rhum. Versez dans le plat beurré, ajoutez les mangues et la pâte. Enfournez.

Aux cerises

Faites confire 500 g de cerises dénoyautées avec 1/2 pot de confiture de cerises, 50 g de sucre et 5 cl d'armagnac. Versez dans le moule beurré, déposez la pâte, enfournez.

Aux figues et au porto

Faites fondre 80 g de sucre et 10 cl de porto rouge. Versez ce caramel dans le moule, posez-y les figues coupées en 2 et la pâte. Enfournez.

TARTE TATIN

Préparation : 10 min • Cuisson : 25 min • Pour 6 personnes

230 g de sucre en poudre • 5 pommes • 30 g de beurre • 1 pâte feuilletée

- Préchauffez le four à 180 °C.
- Faites chauffer 150 g de sucre avec 2 c. à s. d'eau dans une casserole. Lorsque le sucre prend une belle couleur dorée, versez-le dans un moule en porcelaine. Réservez au frais.
- Épluchez les pommes et coupez-les en quartiers assez épais.
- Faites fondre le beurre dans une poêle, ajoutez les quartiers de pomme et laissez dorer.
- Mettez les quartiers au fond du moule, recouvrez avec la pâte feuilletée en la rabattant à l'intérieur du moule.
- Faites cuire au four pendant 25 min. Retournez ensuite la tarte sur un plat.

À l'amaretto

Ajoutez au café 5 c. à s. d'amaretto.

Aux spéculoos et au marsala

Remplacez les biscuits à la cuillère par des spéculoos et remplacez l'amaretto par 3 c. à s. de marsala.

Aux biscuits roses

Imbibez des biscuits roses de Reims de café mélangé à 3 c. à s. de rhum.

Sans café

Faites fondre 80 g de chocolat noir dans 20 cl de lait et ajoutez 1 c. à s. de rhum. Imbibez-en les biscuits à la cuillère. Recouvrez de mascarpone fouetté avec 3 c. à s. de sucre, 3 jaunes d'œufs et 3 blancs en neige. Saupoudrez de cacao.

TIRAMISU

Préparation : 15 min • Cuisson : aucune • Pour 8 personnes

3 œufs • 100 g de sucre roux en poudre • 1 sachet de sucre vanillé
250 g de mascarpone • 1 pincée de cannelle • 24 biscuits à la cuillère
30 cl de café noir non sucré • 30 g de poudre de cacao amer

- Séparez les blancs des jaunes d'œufs. Fouettez les jaunes d'œufs avec le sucre et le sucre vanillé. Ajoutez le mascarpone et la cannelle puis fouettez encore.

- Montez les blancs en neige et incorporez-les délicatement au mélange précédent.

- Imbibez les biscuits à la cuillère de café et tapissez-en le fond de 8 verrines. Recouvrez d'une couche de mascarpone. Alternez biscuits et mascarpone puis terminez par une couche de crème.

- Saupoudrez de cacao. Réservez au frais jusqu'au moment de servir.

YAOURT À LA GRECQUE AUX FRAMBOISES

Préparation : 5 min • Cuisson : aucune • Pour 4 personnes

300 g de yaourt à la grecque • 80 g de sucre en poudre
250 g de framboises

- Mélangez le yaourt et le sucre. Incorporez la moitié des framboises dans le yaourt. Versez dans 4 coupes.
- Répartissez le reste des framboises sur le dessus des coupes. Réservez au frais jusqu'au moment de servir.

Aux framboises et aux groseilles

Versez du yaourt à la grecque battu avec du sucre vanillé et 1 c. à s. d'eau de rose sur du coulis de framboises. Ajoutez des framboises et des grappes de groseilles.

Aux framboises et au pamplemousse

Versez sur des biscuits à la cuillère 1 c. à c. d'amaretto. Ajoutez des quartiers de pamplemousse, du yaourt à la grecque mixé avec des framboises et 1 sachet de sucre vanillé. Décorez de framboises et de pistaches concassées.

Aux fraises

Mélangez le yaourt à des fraises coupées, saupoudrez de sucre glace et de sucre vanillé. Parsemez d'amandes effilées et grillées à la poêle.

À la rhubarbe

Faites cuire 250 g de rhubarbe coupée avec 3 c. à s. de sucre. Versez sur 1 yaourt à la grecque 1 c. à s. de miel et la compote de rhubarbe. Ajoutez des dés de fraise.

TABLE DES MATIÈRES

ENTRÉES

PLATS ET ACCOMPAGNEMENTS

DESSERTS

CRÉDITS PHOTOGRAPHIQUES

Toutes les photographies de cet ouvrage proviennent de l'agence Oredia, sauf
Photononstop : p. 115, p. 225, p. 405.
Istockphoto : p. 149.
Fotolia : p. 117, p. 189, p. 249, p. 349, p. 355, p. 380.

Dans la collection 1001 recettes
Apéritifs dînatoires / Bar à cocktails / Cuisine de bistrot
Cuisine de marques / Cuisine de New York / Cuisine de nos régions
Cuisine des familles / Cuisine des grandes tablées / Cuisine des saisons
Cuisine du monde / Cuisine économique / Cuisine légère
Cuisine pour nos enfants / Desserts & gourmandises
Gâteaux & délices / La cuisine rapide / Les plats uniques
Plaisirs au chocolat / Plancha, brochettes, barbecues

Conçu et réalisé par **Copyright**
pour les **Éditions Solar**

Collaboration rédactionnelle : Laure Sirieix
Coordination éditoriale : Gracieuse Licari
Création graphique : Jean-Louis Massardier
Mise en pages : Richard Bitteur
Photogravure : Peggy Huynh-Quan-Suu et Frédéric Bar
Fabrication : Stéphanie Parlange et Cédric Delsart

Création et réalisation graphique de la couverture : Claire Guigal

ISBN : 978-2-263-06489-0
Code éditeur : S06489
Dépôt légal : avril 2014

Achevé d'imprimer en janvier 2014
Imprimé en Chine

Solar | un département **place des éditeurs**

place des éditeurs